¿QUE CREEN
LAS SECTAS?

¿QUE CREEN LAS SECTAS?

IRVINE ROBERTSON

Traducido por
Francisco Almanza

CASA BAUTISTA DE PUBLICACIONES

CASA BAUTISTA DE PUBLICACIONES
Apartado Postal 4255, El Paso, TX 79914 EE. UU. de A.
www.casabautista.org
Agencias de Distribución
CBP ARGENTINA: Rivadavia 3474, 1203 Buenos Aires. **BOLIVIA:** Casilla 2516, Santa Cruz. **COLOMBIA:** Apartado Aéreo 55294, Bogotá 2, D.C. **COSTA RICA:** Apartado 285, San Pedro Montes de Oca, San José. **CHILE:** Casilla 1253, Santiago. **ECUADOR:** Casilla 3236, Guayaquil. **EL SALVADOR:** Av. Los Andes No. J-14, Col. Miramonte, San Salvador. **ESPAÑA:** Padre Méndez #142-B, 46900 Torrente, Valencia. **ESTADOS UNIDOS: CBP USA:** 7000 Alabama, El Paso, TX 79904, Tel.: (915)566-9656, Fax: (915)565-9008, 1-800-755-5958; 960 Chelsea Street, El Paso TX 79903, Tel.: (915)778-9191; 4300 Montana, El Paso, TX 79903, Tel.: (915)565-6215, Fax: (915)565-1722, (915)751-4228, 1-800-726-8432; 312 N. Azusa Ave., Azusa, CA 91702, Tel.: 1-800-321-6633, Fax: (818)334-5842; 1360 N.W. 88th Ave., Miami, FL 33172, Tel.: (305)592-6136, Fax: (305)592-0087; 647 4th. Ave., Brooklyn, N.Y. Tel. (718)788-2484; **CBP MIAMI** 12020 N.W. 40th Street, Suite 103 B, Coral Springs, FL, 33065, Fax: (954)754-9944, Tel. (954)757-9800. **GUATEMALA:** Apartado 1135, Guatemala 01901. **HONDURAS:** Apartado 279, Tegucigalpa. **MEXICO: CBP MEXICO:** Vizcaínas Ote. 16, Col. Centro, 06080 México, D.F.; Madero 62, Col. Centro, 06000 México, D.F., Independencia 36-B, Col. Centro, 06050 México, D.F., Félix U. Gómez 302 Nte. Monterrey, N. L. **NICARAGUA:** Módulo 29 A, Centro Comercial Nejapa, Managua. **PANAMA:** Apartado E Balboa, Ancon. **PARAGUAY:** Casilla 1415, Asunción. **PERU:** Apartado 3177, Lima. **PUERTO RICO:** Calle 13 S.O. #824, Capparra Terrace; Calle San Alejandro 1825, Urb. San Ignacio, Río Piedras. **REPUBLICA DOMINICANA:** Apartado 880, Santo Domingo. **URUGUAY:** Casilla 14052, Montevideo 11700. **VENEZUELA:** Apartado 3653, El Trigal 2002 A, Valencia, Edo. Carabobo.

Ediciones: CBP: 1993, 1997
Tercera edición: 1999

Clasificación Decimal Dewey: 291.2

Tema: 1. Sectas

ISBN: 0-311-05768-3
C.B.P. Art. No. 05768

1.5 M 1 99

Printed in U.S.A.

A mi amada
y a nuestros cuatro indomables

CONTENIDO

INTRODUCCION

"Pero el Espíritu dice claramente que en los últimos tiempos algunos se apartarán de la fe, prestando atención a espíritus engañosos y a doctrinas de demonios. Con hipocresía hablarán mentira, teniendo cauterizada la conciencia" (1 Tim. 4:1, 2). Los métodos para atacar la verdad, de las sectas actuales, caen en dos clasificaciones principales. La primera es una apelación al orgullo mediante la filosofía racionalista. La segunda demanda una credulidad que es semejante a la superstición y la llama "fe". Un rasgo común de las sectas es la negación, total o en parte, de la deidad de Jesucristo. "Y todo espíritu que no confiesa a Jesús no procede de Dios. Este es el espíritu del anticristo, del cual habéis oído que había de venir y que ahora ya está en el mundo" (1 Jn. 4:3). Contradicen tanto la persona de Cristo como su obra. Como Samuel Zwemer dijo una vez del Islam: "Le da un lugar desplazándolo."

¿Qué es precisamente una secta? La Real Academia de la Lengua Española da una definición que en parte dice: "Conjunto de creyentes en una doctrina particular o de fieles a una religión que el hablante considera falsa." Charles S. Braden da esta definición precisa: "Una secta, como yo la defino, es cualquier grupo religioso que difiere significativamente en uno o más respectos en cuanto a la creencia y práctica de esos grupos religiosos que son considerados como expresiones normativas de la religión en nuestra cultura total."[1] Esto es completamente inclusivo y bien expresado. Incluye sectas seudocristianas y no cristianas. Podría añadirse que en muchos movimientos sectarios a menudo hay un dirigente carismático que es una figura autoritaria fuerte.

SECTARISMO ACTUAL

Los cultos activos hoy en día pueden dividirse en cuando menos cuatro clasificaciones, con traslape considerable.

---

[1] C. S. Braden, These Also Believe (Nueva York: Macmillan, 1949), p. xii.

SECTAS SEUDOCRISTIANAS

Walter R. Martin define las sectas seudocristianas como esas que "se adhieren a doctrinas que son marcadamente contradictorias del cristianismo ortodoxo y que, sin embargo, pretenden la distinción de trazar su origen a las fuentes ortodoxas o de estar en armonía esencial con esas fuentes".[2] En otras palabras, una secta seudocristiana es una que pretende ser cristiana, pero que no lo es. Alardeando de la aceptación de la autoridad de la Biblia, estas sectas tienen sus propios escritos que son interpretativos de la Biblia y que realmente la invalidan como autoridad final. Generalmente, afirmando ser la verdadera iglesia y proveyendo el único camino de salvación, las sectas seudocristianas profesan haber recuperado la verdad mucho tiempo perdida enseñada por la iglesia primitiva. O el reclamo puede ser que el fundador ha recibido revelación de Dios de una verdad nunca antes conocida.

SECTAS QUE SON DISTINTIVAMENTE ORIENTALES

Nuestra era científica está viendo un avivamiento del antiguo misticismo oriental. Este misticismo es principalmente hindú, pero el budismo está surgiendo también en varias de sus muchas variadas formas. La Filosofía Perenne de la antigua India es con mucho la más prolífica, con organizaciones internacionales y "swamis" locales en muchas ciudades. Estas religiones orientales pretenden tener aproximadamente medio millón de miembros en los Estados Unidos. Si fueran incluidos, los espectadores interesados y los experimentadores hincharían en varios millones ese total estimado. Los jóvenes predominan, como la búsqueda centrada en uno mismo de "la verdad, la conciencia y la bienaventuranza". Las sectas relacionadas con el hinduismo usualmente reconocen la Biblia como uno de los libros sagrados de la humanidad, pero le dan la menor consideración. Las escrituras hindúes, Bhagavad Gita y Upanishads son la fuente básica de enseñanza. Todas las sectas orientales se adhieren a fundamentos tales como el monismo, la reencarnación y la absorción final en la "deidad" que está en todo y es todo.

SECTAS HINDU-CRISTIANAS

Las sectas hindu-cristianas interpretan la Biblia de acuerdo con la enseñanza hindú y no son nuevas. El doctor Anthony A. Hoekema, en su excelente libro *The Four Major Cults* (Las cuatro sectas principales), lo declara más sucintamente: "Los de la Ciencia

---

[2] Walter R. Martin, *The Rise of the Cults* (Grand Rapids, Mich.: Zondervan, 1955), pp. 11, 12.

Cristiana no tienen más derecho a aplicarse el título de cristianos que el que tienen los budistas o los hindúes— con esas enseñanzas, ciertamente la Ciencia Cristiana tiene mayor afinidad con ellos que con el cristianismo."[3] En nuestro estudio serán considerados varios otros, tales como la Teosofía, la Unidad, etc.

CULTOS A LA PERSONALIDAD

Algunas sectas se congregan en torno a un solo dirigente o fundador autoritativo. Tales grupos tienden a ser más efímeros, pues se desvanecen a la muerte del dirigente. No tienen una permanencia notable, ni presentan normalmente ninguna nueva enseñanza distintiva.

Hay otras agrupaciones sectarias posibles, como las que tienen fuerte énfasis étnico o cultural, pero nuestra consideración tratará principalmente con las sectas que son seudocristianas y con otras que chocan con los verdaderos cristianos y también con los cristianos nominales. Al presentar las herejías que enseñan las sectas principales serán cubiertas en principio las falsas enseñanzas de las sectas menores.

TRATO CON UN SECTARIO

Usualmente los sectarios iniciarán el acercamiento. Una pareja de los Testigos de Jehová o de jóvenes misioneros mormones pulcramente vestidos pueden visitar su hogar. Independientemente de dónde o cuándo o cómo surja una discusión, escriba esto en su libro mental de apuntes y subráyelo: *Tome rápidamente el control de la conversación.* Dirija la discusión, haga las preguntas y use las Escrituras. Aquí es donde es indispensable el conocimiento de las creencias de los sectarios. Hombre prevenido vale por dos. El engañado con el que usted habla ciertamente está prevenido, pero usualmente no está preparado para enfrentar preguntas no cubiertas en el bosquejo y versículos que ha memorizado. Conteste una pregunta con otra pregunta. Aquí tiene usted varias sugestiones básicas:

1. *No discuta.* Evite todo lo que parezca una discusión. Esto puede ser difícil a veces, pero esfuércese por mantener cuando menos la apariencia de respeto para las creencias de la otra persona. Usted puede despreciar sus creencias, pero él tiene derecho a ellas.

2. *No ridiculice al sectario.* Recuerde que él es desesperada-

---

[3] Anthony A. Hoekema, *The Four Major Cults* (Grand Rapids, Mich.: Eerdmans, 1963), p. 221.

mente sincero en sus creencias. Para él tienen significado eterno. Ame al que está engañado tan dolorosamente.

3. No denigre el carácter del fundador de la secta. Una táctica así solamente traerá resentimiento y levantará otra barrera entre usted y al que usted testifica.

4. Use la Palabra de Dios. Es "viva y eficaz" (Heb. 4:12). Su conocimiento de la Palabra será más eficaz que cualquier otra cosa para callar y convencer al engañado acerca de la verdad del evangelio. Sin embargo, recuerde que los textos de prueba no son refutados por otros textos de prueba. El conocimiento de los contextos inmediato y lejano de los textos usados por el sectario a menudo le proporcionarán los medios por los cuales la conversación puede ser dirigida a canales positivos.

5. Dé su propio testimonio. El punto de cualquier testimonio debe ser la impresión de Cristo en la vida del individuo. "Esto es lo que Dios ha hecho por todos los hombres. Esto es lo que él ha hecho por mí y lo que quiere hacer por usted." Realmente no hay refutación para un testimonio claro.

6. Exalte al Señor Jesucristo. "Este es mi Hijo amado, en quien tengo complacencia" fue una expresión repetida del Padre (Mat. 3:17; 17:5). El se propone reunir todas las cosas en el Hijo (Ef. 1:10) y le ha dado el nombre que es sobre todo nombre (Fil. 2:9-11).

7. Dependa conscientemente del Espíritu Santo. El seguramente lo guiará y lo controlará a usted, para la gloria del Hijo (ver Juan 16:13, 14).

8. Sepa lo que creen los sectarios. El conocimiento de las creencias de los sectarios, con un conocimiento de los textos clave citados tan a menudo, lo capacitarán (dirigido por el Espíritu Santo) para desbaratar la presentación preparada de ellos. Además le proporcionará la oportunidad continua de dirigir la conversación por cursos positivos. Es de desear que la conversación no solamente callará el testimonio de ellos, sino que también los ganará para un conocimiento salvador de nuestro bendito Señor Jesucristo.

DOCTRINAS PRINCIPALES DEL CRISTIANISMO ORTODOXO

LA FUENTE DE AUTORIDAD

Una declaración doctrinal compuesta de fuentes evangélicas debe incluir la declaración de que la Biblia, consistente de sesenta y seis libros del Antiguo y Nuevo Testamentos, es una revelación divina de la que los manuscritos originales fueron inspirados verbalmente por el Espíritu Santo. La Biblia es absoluta en su autoridad, completa en su revelación, final en su contenido y sin ningún error en sus declaraciones. En la Biblia está contenido todo lo que es necesario para el servicio de Dios y para nuestra salvación. Por eso es la autoridad suprema y final en todos los asuntos de fe y conducta y es la única regla y norma por la cual debe ser juzgada toda enseñanza. (Ver. Isa. 8:19, 20; Luc. 16:29-31; Gál. 1:8, 9; 2 Tim. 3:15-17 y 2 Ped. 1:21.)

LA DOCTRINA DE DIOS

La creencia del cristianismo tradicional se da en el Catecismo Abreviado Westminster (Pregunta 6): "Hay tres personas en la Divinidad: el Padre, el Hijo y el Espíritu Santo; y estos tres son un Dios, el mismo en substancia, igual en poder y gloria." (Ver Deut. 6:4; Jer. 10:10; Mat. 3:16, 17; 28:19; y 2 Cor. 13:14.)

LA DOCTRINA DE JESUCRISTO

Lo más importante en el mensaje del evangelio son la persona y la obra de nuestro Señor Jesucristo. "¿Qué pensáis acerca del Cristo?" (Mat. 22:42). La respuesta a esa pregunta frecuentemente indicará la veracidad o herejía en cualquier sistema que se alía al cristianismo.

Jesucristo es la imagen del Dios invisible, perfecto en divinidad y perfecto en humanidad. Uno con el Padre desde la eternidad, él llevó sobre sí la naturaleza del hombre y fue concebido por el Espíritu Santo y nacido de la virgen María. Habiendo muerto en la cruz como sacrificio substituto por el pecado, se levantó de entre los muertos en el mismo cuerpo que había sido puesto en la tumba. El

ascendió al cielo en ese cuerpo glorificado y ahora está allí interce-
diendo a favor de todos los que creen en él. El vendrá otra vez, personal, corporal y visiblemente, a juzgar a los vivos y a los muertos y
a establecer su reino. (Ver Mat. 1:18-25; Luc. 24: Hech. 2:31-36;
Fil. 2:5-8; Col. 1:15-18; 1 Tes. 4:16-18; Heb. 4:14-16; 1 Ped.
2:24, 25; Apoc. 11:15-17; 20:4-6, 11-15.)

LA DOCTRINA DEL HOMBRE

Después que Dios hizo todas las otras criaturas, hizo al hombre,
varón y hembra. El formó el cuerpo del hombre del polvo de la tierra, y a la mujer de una costilla del hombre. El los dotó de almas
vivas, inteligentes e inmortales. Hechos a la misma imagen de Dios
en inteligencia, justicia y santidad, tuvieron escrita en su corazón la
ley de Dios, con poder para cumplirla; sin embargo, estaban expues-
tos a caer. Recibieron dominio sobre los peces del mar, las aves de
los cielos y de toda criatura viviente sobre la tierra.

Nuestros primeros padres, siendo dejados a la libertad de su
propia voluntad, cayeron del estado en que fueron creados pecando
contra Dios (Gén. 3:6-13; 2 Cor. 11:3). Toda la raza humana,
descendiente de Adán por generación ordinaria, pecó en él y cayó
con él en su primera transgresión (Gén. 2:17; Hech. 17:26; Rom.
5:12-20; 1 Cor. 15:21, 22). De esta manera, toda la raza humana,
habiendo perdido su comunión con Dios, está bajo su ira y
maldición, y así está expuesta a todas las miserias en esta vida, a la
muerte misma y a los dolores del infierno para siempre (Rom. 5:14-
18; Apoc. 20:4-15).

LA DOCTRINA DE LA SALVACION, O LA EXPIACION

La salvación es por gracia, un don de Dios, por la fe en el
Señor Jesucristo. El murió una muerte voluntaria en la cruz como
un sacrificio substitutorio por el pecado (1 Cor. 15:3; 1 Ped. 2:23,
24). A los que reciben a Cristo por fe sus pecados les son perdona-
dos (Ef. 1:7); son nacidos del Espíritu, convirtiéndose así en hijos de
Dios (Juan 1:12, 13); y son hechos nuevas criaturas en Cristo Jesús
(2 Cor. 5:17).

LA DOCTRINA DE LA ESCATOLOGIA, O LAS COSAS QUE VENDRAN

Jesucristo vendrá otra vez personal, corporal y visiblemente. A
su aparición, los muertos en Cristo se levantarán primero.
Juntamente con los santos vivos, ellos serán cambiados y arrebata-
dos para encontrar al Señor "en el aire". Esto es conocido como el

rapto de los santos (1 Tes. 4:16, 17; ver también 1 Cor. 15:51-58). La Gran Tribulación sigue (la séptima semana de Dan. 9), y termina con la aparición del Señor con sus santos para juzgar a los pueblos de la tierra (la revelación de Jesucristo). Después, él establecerá su reino, que durará por 1.000 años (el milenio).[1] Durante este período Satanás será atado y habrá paz universal y justicia general sobre la tierra. Al fin del reinado milenario de Cristo, Satanás será liberado por un corto tiempo, hará guerra final contra el Señor, y será echado con sus ejércitos en el lago de fuego eterno. Habrá una resurrección de los malvados (la segunda resurrección), y seguirá el juicio del gran trono blanco. Todos aquellos cuyos nombres no sean encontrados en el libro de la vida del Cordero serán arrojados en el lago de fuego para castigo eterno. (Ver Mat. 24:29, 30; 26:64; Hech. 1:11; 1 Tes. 4:16; 2 Tes. 2:7 y Apoc. 1:7; 20:1-6, 11-15.) Los santos pasarán la eternidad con el Señor.

[1] Esta es la posición pretribulación. Se reconoce que numerosos cristianos evangélicos ortodoxos sostienen que la segunda venida de Cristo es completamente subsecuente al período de tribulación. Su posición, conocida como la posición postribulatoria, sostiene que el rapto de la iglesia y la revelación de Cristo en persona para establecer su reino ocurrirán en rápida sucesión después de la Tribulación.

DESVIACIONES DE LAS SECTAS DE LAS DOCTRINAS ORTODOXAS PRINCIPALES

El fin o propósito de la religión es la salvación. La salvación, definida de varias maneras, usualmente incluye la liberación de los dolores, penas y aflicciones comunes en esta vida, y la entrada a un estado ideal de existencia eterna, consciente y feliz. La fe es proclamada por las sectas como primaria y esencial para la salvación. Las sectas cristianas se unen para predicar la salvación por la fe en Jesucristo. Un examen sumario revela, sin embargo, que ellas ofrecen la salvación sobre la base de la fe más obras continuas. Y su mismo concepto de salvación por fe en Jesucristo se viene abajo cuando es visto en relación con la negación de la deidad de Cristo. Con esta negación, la doctrina de la expiación es refutada. De acuerdo con la Palabra de Dios, no hay expiación de los pecados de la humanidad si Jesús no es el Hijo eterno del Dios santo e infinito, coigual en todas las cosas.

Cuatro doctrinas, de entre las consideradas fundamentales y obligatorias en el cristianismo ortodoxo, son falsamente enseñadas por la mayoría de los cultos:

La doctrina de la Trinidad
La deidad de Jesucristo
La personalidad del Espíritu Santo
La inmortalidad del alma

Un quinto asunto, la escatología o doctrina de las últimas cosas, también será considerado. Reconociendo que hay diferencias entre la gente creyente en la Biblia en relación con el orden preciso de los eventos futuros, los asuntos principales enfatizados por las sectas mayores sencillamente serán observados.

LA DOCTRINA DE LA TRINIDAD

Cualquier consideración de la doctrina de la Trinidad incluye necesariamente los estudios de la deidad de Cristo y de la personalidad del Espíritu Santo. Esos serán considerados subsecuentemente bajo encabezados separados.

15

Sin embargo, el mismo concepto de trinidad, "tres personas, idénticas en substancia, iguales en poder y gloria", es rechazado vehementemente por las sectas como algo pagano y no escritural. También es considerado irrazonable, o contrario a la razón, y por eso totalmente inaceptable. Debe aceptarse de buena gana que la Trinidad es un misterio y que el término no está en la Biblia, pero la Biblia está llena del concepto, empezando con el uso del nombre plural *Elohim* (Dios) en Génesis 1:1. *Atributos personales similares se atribuyen consistentemente al Padre, al Hijo y al Espíritu Santo.* Merril F. Unger escribe:

Aunque la doctrina de la Trinidad está implícita más bien que explícita en el Antiguo Testamento, al mismo tiempo se sostiene apropiadamente que con la luz concomitante del Nuevo Testamento esta verdad puede encontrarse en el Antiguo Testamento (por ej.: Núm. 6:24-26, Isa. 6:3, 63:9, 10, la santidad del número tres simbólico, la forma plural de Elohim, y también lugares [en el Antiguo Testamento] en que se habla de la deidad como conversando consigo misma [ver Gén. 1:26, 3:22, 11:7, Isa. 6:8]...) La misma adoración se rinde, las mismas obras se atribuyen a cada una de estas tres personas, y en tal manera se indica que los tres están unidos en la plenitud del único Dios vivo. El monoteísmo del Antiguo Testamento se mantiene, aunque se conceden vislumbres, no obstante, del modo tripersonal de la existencia divina.[1]

La enseñanza antitrinitaria no es de ninguna manera una herejía nueva. La iglesia primitiva la enfrentó y le dio respuesta en los grandes concilios eclesiásticos de ese período. Es útil leer los credos de la iglesia primitiva a este respecto. (Ver cualquier libro de texto importante de historia eclesiástica sobre los credos del cristianismo.)

LA DEIDAD DE CRISTO

La deidad plena del Hijo está contenida, por supuesto, dentro de la doctrina de la Trinidad, y todas las sectas seudocristianas rechazan categóricamente esta verdad. Su unicidad, o igualdad, con el Padre, es el punto en el que se concentran considerables ataques de los sectarios. Cristo, declaran, es el primogénito de Dios, la única creación directa de Dios, el único por el que todo lo demás fue creado, nacido singularmente, impecable, obrador de milagros, el único sacrificio eficaz, pero no igual con el Padre.

---

[1] Merril F. Unger, "Trinity", en *Unger's Bible Dictionary*, ed. Merrill F. Unger (Chicago: Moody, 1966), p. 1118.

La igualdad con el Padre y la unicidad con él en todas las cosas fueron reclamadas incuestionablemente por Jesucristo y atribuidas consistentemente a él por los escritores del Nuevo Testamento. El Evangelio de Juan fue escrito para probar que Jesús es el Cristo, el Hijo de Dios (Juan 20:31). Como tal, él era coigual con el Padre. Los líderes judíos de ese tiempo entendieron correctamente su reclamo y determinaron matarlo por esa razón (ver Juan 5:17, 18). Jesús no negó el entendimiento de ellos, sino que más bien lo verificó extensamente en su respuesta (Juan 5:19-32). El Evangelio de Juan concluye con lo esencial en adoración, expresado por el apóstol Tomás en el aposento alto cuando dijo a Jesús, "¡Señor mío, y Dios mío!" (Juan 20:28).

La importancia de esta doctrina no puede ser exagerada. Dado que la misma doctrina de la expiación depende de esta verdad eterna, los siguientes versículos se presentan para reforzar más el concepto correcto de esta doctrina.

Filipenses 2:6. La palabra *forma*, como es usada en este versículo, no se refiere a forma o apariencia externa. Señala lo que es intrínseco y esencial. Otra traducción aclara esto: "era de naturaleza divina" (Dios Habla Hoy); "de condición divina" (Biblia de Jerusalén). Estas y otras reputadas traducciones declaran que Jesucristo es divino por naturaleza. La divinidad no fue algo que él adquirió; era suya desde la eternidad. El era en el principio, él era con Dios y él era Dios.

Colosenses 1:15 y Hebreos 1:3. En estos versículos dos palabras griegas se traducen como *imagen* en castellano. Cristo es declarado "la imagen del Dios invisible" y "la expresión exacta de su naturaleza". En Colosenses 1:15 la palabra es *eikon*, refiriéndose al "parecido moral", o la conformidad de Cristo a Dios en excelencia moral o santidad. En Hebreos 1:3 la palabra es *charakter*, fácilmente identificable como la palabra castellana *carácter*. Sin embargo, significa la "impresión exacta" de cualquier persona o cosa, tal como la impresión dejada por un sello de metal. Cristo, declara, es el facsímil preciso de Dios en todo aspecto. "El que me ha visto", dijo Jesús, "ha visto al Padre" (Juan 14:9). Jesucristo refleja perfectamente la gloria y majestad de Dios porque él es Dios. No se requiere conocimiento del griego para hacer uso de declaraciones tan obvias y significativas de la Escritura.

En ocasiones los sectarios se referirán a Colosenses 1:15 para probar que Cristo es "el primer ser creado", y por tanto inferior al Padre. Fíjese cuidadosamente en esta cita del comentario preciso y erudito del doctor Metzger:

Realmente el verbo "crear" en referencia a la relación entre el Hijo de Dios con el Padre no aparece aquí ni en ninguna parte del Nuevo Testamento. Aquí se habla de él como del "unigénito de toda la creación", que es algo muy diferente de decir que él fue hecho o creado... Para regresar a Colosenses 1:15 donde Pablo habla de Cristo como del "primogénito de toda creación" es importante observar que el adjetivo "primo" se refiere tanto a rango como a tiempo. En otras palabras, el Apóstol alude aquí no solamente a la *prioridad* de Cristo sobre toda la creación, sino también a su *soberanía* sobre toda la creación.

Después, en la epístola a los Colosenses (2:9) Pablo declara: "Porque en él (Jesucristo) habita corporalmente toda la plenitud de la Deidad"... Nada podría ser más claro o más enfático que esta declaración. Significa que todo lo que integra la Divinidad, o cualidad divina, sin excepción, mora o reside corporalmente en Jesucristo, es decir, está investido con un cuerpo en Jesucristo. También debe notarse que Pablo usa el tiempo presente del verbo, "habita". El no dice que la plenitud de la cualidad divina "ha habitado" o "habitará" en Jesucristo, sino que "mora" allí. Todo lo que los credos de la Iglesia quieren decir al hablar de Jesucristo como *eternamente* el unigénito Hijo del Padre está contenido en el uso deliberado que Pablo hace del tiempo presente del verbo "habita."[2]

En Hebreos 1:3 hay un argumento adicional que declara que Cristo es "el resplandor de su gloria". ¡Su gloria! ¿Qué es la gloria de Dios? Es la suma de todos sus atributos. La gloria de Dios es lo que Dios es. Y Cristo es el esplendor o resplandor de esa gloria. ¿Qué más puede decirse? F. F. Bruce escribe: "Tal como la gloria está realmente en el resplandor, así la substancia de Dios está realmente en Cristo, que es su impresión, su representación exacta y su encarnación. Lo que Dios es esencialmente se hizo manifiesto en Cristo. Ver a Cristo es ver cómo es el Padre."[3]

LA PERSONALIDAD DEL ESPIRITU SANTO

Muchos de los que rechazan el concepto bíblico de la Trinidad reducen al Espíritu Santo a una "influencia", o "poder de Dios, no una persona".

Empezando con Génesis 1:2, el Espíritu Santo es descrito obrando con el Padre y el Hijo en la creación y en los asuntos de la raza humana. En el discurso del aposento alto su venida fue predicha

---

[2] Bruce M. Metzger, *The Jehova's Witnesses and Jesus Christ* (Princeton, N. J.: Theological Book Agency), pp. 77, 78.
[3] F. F. Bruce, *Commentary on the Epistle to the Hebrews* (Grand Rapids, Mich.: Eerdmans, 1964), p. 6.

por Cristo. "Y yo rogaré al Padre", dijo el Señor, "y os dará otro Consolador, para que esté con vosotros para siempre. Este es el Espíritu de verdad... Vosotros lo conocéis, porque permanece con vosotros y está en vosotros" (Juan 14:16, 17). Ver Juan 14–16 para un contexto completo. Tomando el lugar del Hijo, el Espíritu Santo continuó la obra que Jesús "comenzó a hacer y a enseñar, hasta el día en que fue recibido arriba" (Hech. 1:1, 2a). En Hechos el Espíritu es visto fundando la iglesia, llenando de poder a los discípulos y dirigiendo la expansión de la iglesia hasta la última parte del mundo.

Sus muchos títulos indican su deidad y su relación con el Padre y el Hijo. El es llamado:

El Espíritu de conocimiento — Isaías 11:2
El Espíritu de Verdad — Juan 14:7
El Espíritu de Santidad — Romanos 1:4
El Espíritu de Dios — Génesis 1:2
El Espíritu de Cristo — Romanos 8:9
El Espíritu del Señor — Hechos 5:9

y muchos otros títulos. Bien podría preguntarse, además, ¿cómo una influencia o poder impersonal puede ser entristecido (Ef. 4:30), o apagado (1 Tes. 5:19); o cómo puede un atributo convencer de culpa, guiar o hablar (Hech. 13:2)?

LA INMORTALIDAD DEL ALMA

La inmortalidad del alma generalmente es negada por las sectas seudocristianas. El hombre, enseñan, está sujeto a una muerte física que es el cese de la existencia. No tiene la capacidad inherente de vivir para siempre, en ninguna parte. "No digan", nos dicen, "que el hombre tiene alma. Más bien, digan 'el hombre es un alma.' Cuando muere, todo el hombre muere. Cuerpo y alma son uno, y a la muerte, cuerpo y alma entran en la condición conocida como Sueño del Alma, una condición de inconsciencia total." Además se enseña que los que mueren en Cristo serán resucitados inmortales en la segunda venida de Cristo, mientras que los que mueren en sus pecados serán resucitados el último día para ser totalmente aniquilados. No hay infierno eterno para los malvados o para nadie más.

La Biblia enseña que cuando Dios creó al hombre "Sopló en su nariz aliento de vida, y el hombre llegó a ser un ser viviente" (Gén. 2:7). Este acto particular de Dios distingue al hombre de cualquiera otra criatura. Las almas de los hombres son inherentemente inmortales e indestructibles, y sin embargo, potencialmente sujetas a muerte espiritual por causa del pecado. La muerte espiritual es separación eterna de Dios. No es extinción. El cuerpo, creado del polvo de la tierra, es mortal y sujeto a muerte física, que es separación del cuerpo del alma. El cuerpo muere y regresa a la tierra. El alma (o espíritu) del creyente va inmediatamente a estar con Cristo; la del incrédulo va al Seol (Antiguo Testamento), llamado Hades en el Nuevo Testamento. Ese es el lugar de castigo inmediato (Luc. 16:23). El apóstol Pablo escribió que es mejor "partir y estar con Cristo, lo cual es muchísimo mejor" (Fil. 1:23). Otra vez él expresó su deseo de "mejor estar ausentes del cuerpo, y estar presentes delante del Señor" (2 Cor. 5:8). No hay la más mínima insinuación de un período inconsciente después de la muerte. En su declaración a Marta nuestro Señor refutó la declaración de la creencia de ella en una resurrección solamente "en el día final". "Yo soy la resurrección y la vida", dijo Jesús (Juan 11:24-26). Resurrección y vida no son eventos muy lejanos; están siempre presentes para los que creen en él.

Algunas referencias en los Salmos parecen sugerir un grado menor de conciencia después de la muerte. En el Salmo 115:17, por ejemplo, está escrito que "No alaban a Jehovah los muertos, ni cuantos descienden al silencio." Esto parece una comparación del hombre de las situaciones relativas en la tierra y en el seol. Fue escrito antes de la venida del que "sacó a la luz la vida y la inmortalidad por medio del evangelio" (2 Tim. 1:10). "De cierto te digo que hoy estarás conmigo en el paraíso" fue la promesa del Señor al ladrón penitente en la cruz. "El hecho de que la existencia consciente continúa entre la muerte y la resurrección se afirma directamente en las Escrituras (Isa. 14:9-11, Mat. 22:32, Mar. 9:43-48, Luc. 16:19-31; 2 Cor. 5:6-8; Fil. 1:21; Apoc. 6:9-11)."[4]

La aniquilación de los muertos malvados no se enseña en ninguna parte de la Biblia. El estado de los malvados en fuego eterno se afirma claramente, como se afirma el de los justos en gloria eterna. En Mateo 25:41 y 46 la palabra para "eterno" se usa en ambos lugares, con referencia al castigo de los malvados y con referencia a la vida de los justos. En 2 Tesalonicenses 1:9 la misma palabra se traduce "eterna" con referencia a la exclusión de los desobedientes "de la presencia del Señor". Un punto más podría hacerse de Apocalipsis 19:20 y 20:10. La bestia y el falso profeta serán echados en el "lago de fuego" en la batalla de Armagedón. Un millar de años después todavía están en ese "lago de fuego ardiendo con azufre", donde "serán atormentados día y noche por los siglos de los siglos". No cese de la existencia, sino desolación eterna.

---

4 Biblia Anotada de Scofield (Dalton, Ga.: Publicaciones Españolas, 1973), p. 676.

LA DOCTRINA DE LA ESCATOLOGIA

Solamente una palabra final acerca de la enseñanza de las sectas respecto al futuro. Se notarán diferencias conforme las sectas sean tratadas individualmente. Usualmente hay el concepto de un milenio, que puede o no ser precedido por una gran tribulación. Los juicios son prominentes, tanto de los justos como de los injustos. Frecuentemente están separados por el millar de años del milenio y están asociados con la resurrección primera y segunda. La aniquilación de los malvados es la enseñanza común, con "vida eterna" para los fieles. Esta vida eterna es de varias maneras como en la tierra limpiada y renovada o en otra esfera en alguna parte en los cielos.

1

MORMONISMO

La Iglesia de Jesucristo de los Santos de los Ultimos Días (cuyos miembros han sido apodados mormones) se atribuye ser la restauración de la verdadera iglesia establecida por Jesucristo. No tiene asociación en ninguna manera con el catolicismo romano o con el protestantismo. "Su teología, su organización, y sus prácticas son en muchos respectos completamente únicas entre las denominaciones cristianas actuales."[1] "Posee el sacerdocio divino de Dios,... y está encabezada por profetas y apóstoles como la iglesia en días de Pedro y Pablo."[2] Ciertamente, "si no hubiera sido por José Smith y la restauración, no hubiera salvación. No hay salvación fuera de la Iglesia de Jesucristo de los Santos de los Ultimos Días".[3]

En numerosas publicaciones se hace hincapié en que la iglesia que fue establecida por Jesucristo se volvió corrupta. La apostasía triunfó y la autoridad divinamente establecida cesó. La iglesia "vagó sin dirección" después de la muerte del apóstol Juan. No hubo revelación, autoridad ni ministerio aprobado divinamente hasta que la verdadera iglesia fue restaurada mediante el profeta José Smith.

Nacido en Sharon, Vermont, en 1805, Smith se había mudado a Palmyra, Nueva York. Allí, en 1820, él relató haber visto su primera visión celestial. Dos personajes aparecieron. Su "brillo y gloria desafían toda descripción... Uno de ello me habló, llamándome por nombre y dijo, señalando al otro —¡Este es mi Hijo Amado. A El oíd!"[4]

---

[1] Gordon B. Hinckley, *What of the Mormons?* (Salt Lake City: Deseret News Press, s.f.), p. 2.

[2] Mark E. Peterson, *What Church Is Right?* (Salt Lake City: Deseret News Press, s.f.), p. 25

[3] Bruce R. McConkie, *Mormon Doctrine* (Salt Lake City: Bookcraft, 1966), p. 670 (citado en el texto o en las notas como McConkie).

[4] PGP José Smith 2:17. Los libros sagrados de los mormones son citados en las siguientes maneras en este libro: El Libro de Mormón y La Perla de Gran Precio están compuestos cada uno de libros individuales, el mismo formato básico que se encuentra en la Biblia. Las referencias a los libros individuales empiezan con las abreviaturas LM (por el Libro de Mormón) o con PGP (por la Perla de Gran Precio) y son seguidas por el título del libro individual, el número del capítulo y el número del versículo: LM 2 Nefi 29:8 y PGP José Smith 2:35, por ejemplo. Doctrina y Convenios está dividido en secciones. Las referencias a secciones individuales empiezan con la abreviatura DyC, que es seguida por el número de la sección y el número del versículo: DyC 27:1, por ejemplo. Los tres libros son publicados por la Iglesia de Jesucristo de los Santos de los Ultimos días en la ciudad de Salt Lake, Utah.

Siguió una serie de visitaciones de un "personaje resucitado" llamado Moroni. Estas visitaciones culminaron el 22 de septiembre de 1827. Moroni entregó a Smith las "planchas de oro", la traducción de las cuales es conocida como el Libro de Mormón. En mayo de 1829, Juan el Bautista apareció y ordenó a Smith y a Oliver Cowdery al sacerdocio de Aarón. En junio del mismo año, Pedro, Santiago y Juan "vinieron a José Smith y a Oliver Cowdery y los invistieron del sacerdocio de Melquisedec" (McConkie 478). Esto estableció la autoridad de la "iglesia", porque sin el "sacerdocio de Melquisedec" "la salvación en el reino de Dios" no es "disponible para los hombres en la tierra" (McConkie 479).

El 6 de abril de 1830 la Iglesia de Jesucristo de los Santos de los Ultimos Días fue establecida formalmente en Fayette, Nueva York, con seis miembros. Ha crecido a una membresía actual de más de tres millones, con ramas en todos los estados de la Unión Americana y en más de una veintena de países extranjeros. Varias estimaciones citan hasta catorce mil misioneros en ministerio activo, con unos seis mil sirviendo de tiempo parcial. Los misioneros de tiempo completo sirven voluntariamente, sin paga, normalmente por un período de dos años. La mayoría son jóvenes varones de entre diecinueve y veinticinco años.

LAS FUENTES DE AUTORIDAD

Creemos que la Biblia es la palabra de Dios hasta donde está traducida correctamente; también creemos que el Libro de Mormón es la palabra de Dios.

Creemos todo lo que Dios ha revelado, todo lo que él revela ahora, y creemos que él revelará todavía muchas cosas grandes e importantes pertenecientes al reino de Dios (PGP Artículos de Fe 8-9).

Se pone fuerte énfasis en que el canon de la Escritura nunca ha sido cerrado. La dirección de Dios siempre ha sido por comunicación personal mediante siervos comisionados. Las leyes de Dios en un período han sido anuladas en otros, "cuando se alcanza una etapa más avanzada del plan divino".[5] Así, en el Sermón del monte (ver Mat. 5:17, 18), el Salvador, se enseña, anuló la ley de Moisés. Se sostiene que las revelaciones actuales y continuas son características de la iglesia para que los oficiales de la iglesia puedan enseñar

---

[5] James E. Talmage, A Study of the Articles of Faith (Salt Lake City, Utah: The Church of Jesus Christ of Latter-day Saints, 1961), p. 303 (de aquí en adelante citado en textos y notas como Talmage).

con autoridad. El presidente de la iglesia, en particular, es "igual a Moisés" —un vidente, un revelador, un traductor y un profeta, teniendo todos los dones de Dios que él concede al cabeza de la iglesia" (DyC 107:91-92). El habla, en la ocasión, con tanta autoridad como lo hace la Biblia, o como cualquiera otro de los libros sagrados aceptados, el Libro de Mormón, Doctrinas y Convenios, y La Perla de Gran Precio.

LA BIBLIA

La versión oficial de la Biblia usada por la iglesia mormona en los países de habla inglesa es la King James, y en los países de habla castellana la Reina-Valera. Una revisión por José Smith, llamada la Versión Inspirada, no fue completada y no es usada por el grupo de la ciudad de Salt Lake. Debe hacerse notar que para el mormón la Biblia no es absoluta en su autoridad ni final o completa en su revelación. La cláusula calificadora "hasta donde está traducida correctamente" sugiere errores en la traducción que presumiblemente han sido corregidos por revelaciones subsecuentes.

EL LIBRO DE MORMON

Los mormones consideran que el Libro de Mormón es "un registro inspirado divinamente, hecho por los profetas de pueblos antiguos que habitaron el continente americano siglos antes y después del tiempo de Cristo" (Talmage 255). "Contiene un registro de... la plenitud del evangelio" (DyC 20:9; ver también 42:12, etc.). El profeta mismo declaró que "el Libro de Mormón era el libro más correcto sobre la tierra, y la clave de nuestra religión" (McConkie 99, citando a José Smith).

El Libro de Mormón cuenta la historia épica de dos olas de inmigración al continente americano. Al principio, la nación jeredita "siguió a su líder desde la torre de Babel en el tiempo de la confusión de lenguas" (Talmage 260) alrededor del año 2250 a. de J.C. Esta gente floreció hasta 590 a. de J.C., cuando guerras internas la llevaron a su destrucción total. La batalla final tuvo lugar en la colina Cumorah, cerca de la actual Palmyra, Nueva York. La segunda migración fue bajo Leví, de la tribu de Manasés, alrededor del año 600 a. de J. C. Dos naciones, la nefita y la lamanita, vinieron de Nefi y Lamán, hijos de Lehi. La primera "avanzada en las artes de la civilización, construyó grandes ciudades y estableció estados prósperos" (Talmage 260). La última "cayó bajo la maldición del disgusto divino; se volvió obscura de piel... y degeneró en el estado caído en que los indios americanos —sus descendientes directos—fueron encontrados... en tiempos posteriores" (Talmage 260). La batalla final entre esas dos naciones también terminó en Cumorah, alrededor del año 421 d. de J.C. El último sobreviviente nefita, Moroni, terminó el Libro de Mormón en las planchas de oro y las escondió en la colina Cumorah. Más tarde apareció, un ser resucitado, en 1823-27 y dio las planchas a José Smith para su traducción. Las planchas estaban inscritas en caracteres llamados "egipcio reformado" (LM Mormón 9:32). Para posibilitar la traducción, Smith recibió el "Urim y el Tumim." Parecidas tal vez a un par de anteojos, eran "dos piedras en arcos de plata: y estas piedras (estaban) sujetas a un pectoral" (PGP José Smith 2:35). Con la ayuda de éstas, él terminó la traducción entre diciembre de 1827 y febrero de 1828. La historia se cuenta en los "Escritos de José Smith" que se encuentran en La Perla de Gran Precio. En "Escritos de José Smith" 2:63-65, Smith citó al profesor Charles Anthon como verificando la autenticidad de los "caracteres egipcios reformados". Anthon negó esto vehementemente, tildando toda la historia como de "perfectamente falsa". En declaraciones publicadas, la Institución Smithsoniana negó el conocimiento de algún caso auténtico de escritos hebreos o egipcios que se hubieran encontrado en el nuevo mundo.[6]

No obstante, se declara que "casi todas las doctrinas del evangelio se enseñan en el Libro de Mormón con mucha mayor claridad y perfección que... en la Biblia. Cualquiera... encontrará prueba concluyente de la superioridad de las enseñanzas del Libro de Mormón" (McConkie 99).

Aparentemente, los misioneros mormones usan mucho el reclamo de que el profeta Ezequiel habló de dos libros usando la figura de "dos varas" (Eze. 37:16, 17). La Biblia, dicen, es la vara de Judá. El Libro de Mormón es la vara de Efraín y registra los tratos de Dios con una parte de la tribu de José. Está "ahora en las manos de los miembros de la iglesia que casi todos son de Efraín" (McConkie 767; ver también DyC 27:5).

En verdad, la palabra traducida "vara" literalmente significa "árbol, madera, o poste". La "vara" es el emblema del cetro real. Así es entonces que la "vara de Judá" representa el reino del sur; la "vara de José" es el reino del norte, del cual el primer rey fue Jeroboam, de la tribu de Efraín. Ezequiel el profeta estaba prediciendo la restauración y unión futuras de los dos reinos.

---

[6] Para detalles adicionales respecto a la genuinidad del Libro de Mormón, vea *Confronting the Cults*, de Gordon R. Lewis (Nutley, N. J.: Presby. & Ref., 1966), pp. 52 sigs.

DOCTRINAS Y CONVENIOS

La obra a la que los mormones se refieren como Doctrinas y Convenios está compuesta de 136 secciones, de las cuales todas, menos dos, fueron "revelaciones dadas a José Smith, el profeta" (página titular). La sección 135 relata su martirio, y la 136 es "La palabra y voluntad del Señor, dadas por medio del presidente Brigham Young." Una declaración oficial que prohibe la poligamia fue agregada en 1890 por el presidente Wilford Woodruff.

Las revelaciones significativas de este libro tienen relación con el bautismo por los muertos (secciones 124, 127-28), los matrimonios celestiales (sección 132:19c-20), y los matrimonios plurales (sección 132). En contraste, 42:22-23 y 49:15-16 ¡parecen ordenar la monogamia! El Libro de Mormón no dice nada acerca de los dos asuntos y denuncia fuertemente la poligamia (Jacob 2:23-36).

LA PERLA DE GRAN PRECIO

La Perla de Gran Precio es un pequeño volumen que contiene "una sección de las revelaciones, traducciones y narraciones de José Smith" (página titular). Usualmente está ligada con Doctrinas y Convenios. También incluye los trece Artículos de Fe.

LA DOCTRINA DE DIOS

"Creemos en Dios el eterno Padre, y en su Hijo Jesucristo, y en el Espíritu Santo" (PGP Artículos de Fe, I).

El Libro de Mormón parece igualar el concepto mormón de la divinidad con el del cristianismo ortodoxo: "Esta es la doctrina de Cristo, y la única y verdadera doctrina del Padre, y del Hijo, y del Espíritu Santo, que es un Dios, sin fin" (LM 2 Mefi 31:21; ver también Alma 11:44, etc.). El teólogo Talmage, sin embargo, explica que "tres personas que componen el gran concilio presidente del universo se han revelado al hombre... Esas tres son individuos separados, físicamente distintos uno de otro" (Talmage 39). Contradiciendo el *Catecismo Abreviado de Westminster* que declara que "hay tres personas en la Divinidad; el Padre, el Hijo y el Espíritu Santo; y estos tres son un Dios, el mismo en substancia, igual en poder y gloria" (Pregunta 6), Talmage declara que esto "no puede ser interpretado para significar que el Padre, el Hijo y el Espíritu Santo son uno en substancia y en persona" (Talmage 40). La unicidad de la Divinidad, se declara, "no implica unión mística de substancia, ni ninguna innatural y por tanto imposible mezcla de personalidad" (Talmage 41). McConkie lo pone llanamente: "Hay tres

Dioses... separados en personalidad... unidos como uno en propósito, en plan, y en todos los atributos de perfección" (McConkie 317). La palabra plural Elohim se usa como el nombre exaltado, el título de Dios, el Padre Eterno.

"CRECIMIENTO ETERNO"

Los mormones consideran a Dios como "un ser organizado tal como nosotros, que estamos ahora en la carne".[7] Esto está de conformidad con la doctrina de que Dios es un "ser progresivo,... su perfección posee... la capacidad del crecimiento eterno" (Talmage 529). El "tal vez fue una vez un niño y mortal como nosotros, y se levantó paso a paso en la escala del progreso".[8] Dentro del esquema de progreso eterno, él está sencillamente muy, muy adelante de nosotros, sus hijos. Se ha reiterado que "como el hombre es, Dios una vez fue; como Dios es, el hombre puede llegar a ser".[9] Así se enseña que Abraham, Isaac y Jacob "han entrado en su exaltación y no son ángeles, sino dioses" (DyC 133:37). Le tocó a Brigham Young confundir las cosas un poco al añadir: "Adán es nuestro padre y dios, el único Dios con el que tenemos que ver."[10]

"UN CUERPO DE CARNE"

"El Padre tiene un cuerpo de carne y hueso tan tangible como el del hombre" (DyC 130:22). A esto se hace hincapié en el manual mormón para misioneros como parte de la revelación dada a José Smith. El vio dos personas "de carne y hueso".[11] En consecuencia, se enseña que "negar la materialidad de la persona de Dios es negar a Dios;... un cuerpo inmaterial no puede existir" (Talmage 48). (En contraste, advierta Luc. 24:36-43; Juan 4:24; 1 Tim. 1:17; 6:16. También vea "El Espíritu Santo", abajo.)

OMNIPRESENCIA

Los mormones enseñan que Dios es omnipresente. Pero "esto no significa que la persona real de cualquier miembro de la Divinidad pueda estar físicamente presente en más de un lugar a un tiempo" (Talmage 43). Puesto que se sostiene que "personalidad" implica "materialidad", debe aceptarse que "Dios posee una forma... de proporciones definidas y por tanto de extensión limitada en el espacio"

---

7 José F. Smith, *Gospel Doctrine* (Salt Lake City: Deseret Book Co., 1963), p. 64.
8 Orson Hyde, en Brigham Young *Journal of Discourses* (Liverpool, 1854-75), 1:123.
9 Lorenzo Snow, citado en *The Four Major Cults*, de Anthony A. Hoeckema (Grand Rapids, Mich.: Eerdmans, 1963), p. 39.
10 Brigham Young, en *Journal of Discourses*, 1:50).
11 *Uniform System for Teaching Investigators* (Salt Lake City: Deseret News Press), p. 31.

(Talmage 43). Sus sentidos y poderes, sin embargo, son infinitos, incluyendo la de trasladarse de un lugar a otro. De la misma manera él es omnisciente y omnipotente "por medio de la agencia de ángeles y siervos ministradores", y así está "en continua comunicación con todas las partes de la creación" (Talmage 44).

EL ESPIRITU SANTO

El Espíritu Santo es "una persona de Espíritu" (DyC 130:22). No tiene un cuerpo de carne y hueso, como el Padre y el Hijo. Se le describe como "la influencia de la Deidad, la luz de Cristo, o de Verdad, que procede de la presencia de Dios para llenar la inmensidad del espacio, y para apresurar el entendimiento del hombre".[12] No obstante, él "puede estar solamente en un lugar a la vez" (McConkie 359), aunque él "emana de la Deidad" como "electricidad,... que llena la tierra y el aire, y está presente en todas partes" (McConkie 753).

"MUCHOS DIOSES"

Los mormones enseñan que hay muchos dioses. El siguiente extracto de *DOCTRINA MORMONA* de McConkie es explícito:

> *Todo hombre que reina en gloria celestial es un dios para su dominio*, dijo el profeta. (*Enseñanzas*, p. 374.) Por tanto, el Padre, que continuará por toda la eternidad como el Dios de los seres exaltados, es un *Dios de Dioses*. Además, como el profeta también enseñó, hay un *Dios sobre el Padre de nuestro Señor Jesucristo...* Si Jesucristo era el Hijo de Dios, y Juan descubrió que *Dios el Padre de Jesucristo tenía un Padre,* usted puede suponer que él tenía un Padre también. ¿Dónde se ha visto un hijo sin padre?... Por tanto, si Jesús tuvo un Padre, ¿no podemos creer que él tuvo un Padre también?" (*Enseñanzas*, pp. 370, 373.) De esta manera el Padre y el Hijo, como también todos los seres exaltados, ahora o a su tiempo se convertirán en Dioses de Dioses (*Enseñanzas*, pp. 342-378), (McConkie 322-23).

Relacionado con esto está la declaración de que "Abraham e Isaac y Jacob han entrado en su exaltación, y no son ángeles, sino son dioses" (DyC 132:37). De conformidad con el gran esquema de progresión eterna, "nunca hubo un tiempo cuando no hubo dioses y mundos, y cuando los hombres no estuvieran pasando por las mismas pruebas por las que nosotros estamos pasando ahora".[13]

---

12 Smith, *Gospel Doctrine*, p. 60
13 Brigham Young, en *Discourses of Brigham Young*, John A. Widtsoe, ed. (Salt Lake City: Deseret Book Co., 1954), p. 22.

"PATERNIDAD CELESTIAL"

¡Los dioses tienen esposas! ¡Hay una madre en el cielo! Esta es la enseñanza normal relacionada con el hecho de que Dios es *literalmente* el padre de nuestros espíritus. (Ver "La Doctrina del Hombre", abajo.) "Cada dios, a través de su esposa o esposas, levanta una numerosa familia de hijos e hijas."[14] La procreación de hijos hace a un hombre padre y a una mujer madre, sea que estemos tratando con el hombre en su estado mortal o inmortal" (McConkie 516). Dios, el Hombre de Santidad exaltado y glorificado, "no podría ser un Padre a menos que una mujer de gloria, perfección y santidad iguales estuviera asociada con él como madre" (McConkie 518). Esta "verdad gloriosa de paternidad celestial (McConkie 516) se expresa en un himno de los Santos de los Ultimos Días:

> ¿Son solteros los padres en el cielo?
> No; ¡el pensamiento hace asombrarse a la razón!
> La verdad es razón, verdad eterna,
> Y me dice que tengo una madre allí.
>
> (En McConkie 517)

Enseguida de su declaración de que Adán es el dios de los mormones, Brigham Young declaró que Adán "trajo a Eva, una de sus esposas, con él".[15] De la misma manera, seres mortales que ganan la exaltación final se convertirán en padres y madres eternos y poblarán sus propios mundos con sus propios hijos espíritus. Esto incluye matrimonio celestial, el rito por el cual los participantes continúan como esposo y esposa en el reino celestial (ver "La Doctrina de la Expiación", abajo).

LA DOCTRINA DE JESUCRISTO

Jesucristo "es el Jehovah eterno, el Mesías prometido, redentor y salvador, el camino, la verdad y la vida" (McConkie 129). Aunque puede parecer en armonía con la enseñanza bíblica, la cristología del mormonismo no es, a pesar de todo, la del cristianismo ortodoxo.

PRIMOGENITO DE LOS HIJOS ESPIRITUALES DE ELOHIM

"Entre los hijos espirituales de Elohim, el primogénito fue y es Jehová, o Jesucristo, de quien todos los otros son menores."[16] Esta distinción como "promogénito" describe la relación de Cristo con

14 Orson Pratt, *The Seer* 1, No. 3 (Marzo 1853): 37.
15 Brigham Young, en *Journal of Discourses*, 1:50.
16 Smith, *Gospel Doctrine*, p. 70.

todos los hijos de Dios. Angeles y demonios, y también los seres humanos, están incluidos. Varios tipos de seres sirven a Dios como ángeles, o mensajeros. *Todos* fueron los hijos del Padre. "El diablo... es un espíritu hijo de Dios que nació en la mañana de la pre-existencia" (McConkie 193). Los diablos, o demonios, "son los seres espirituales que siguieron a Lucifer en su guerra de rebelión en la preexistencia" (McConkie 195). Una tercera parte de los hijos espiri-tuales de Dios siguió a Lucifer en esa rebelión. La diferencia entre Cristo y el hombre o los demonios es, por tanto, de grado, o de posición, y no de clase. Esto rechaza cualquier pensamiento de su deidad distintiva.

POR OBEDIENCIA OBTUVO RANGO DE DIOS

Jesús fue el ejecutivo del Padre en la obra de la creación. En esta obra fue ayudado por Miguel (o Adán), "Enoc, Noé, Abraham, Moisés, Pedro, Jacob y Juan, José Smith y muchos otros" (McConkie 169).

NACIO DE LA VIRGEN MARIA; LITERALMENTE FUE EL HIJO DE ELOHIM

Jesús nació de la virgen María. Esto asegura su posición *única*. Se hace hincapié, sin embargo, en que aunque la concepción tuvo lugar por el poder del Espíritu Santo, Cristo no es el Hijo del Espíritu Santo, sino del Padre. Talmage añade: "Elohim es LITERALMENTE el Padre del Espíritu de Jesucristo y también del cuerpo" (Talmage 466). "El no nació sin la ayuda de un hombre, y ese hombre fue Dios."[17] Brigham Young añade: ¿Quién es el Padre? El es el primero de la familia humana;... el mismo personaje que estaba en el jardín de Edén, y que es nuestro Padre en el cielo."[18]

ERA IMPECABLE

El también era impecable. "El es esencialmente mayor que cualquiera de los otros por razón de: (1) su antigüedad como el mayor o primogénito; (2) su posición única en la carne como vásta-go de una madre mortal y de un Padre inmortal, o resucitado y glori-ficado; (3) de su selección y predestinación como el único redentor y salvador de la raza; y (4) de su impecabilidad trascendental" (Talmage 472).

---

[17] José Smith, *Doctrines of Salvation* (Salt Lake City: Bookcraft, 1956), 1:18.
[18] Brigham Young, en *Journal of Discourses*, 1:50-51.

MURIO EN LA CRUZ

El murió en la cruz, dando su vida, voluntaria y gustosamente, por la redención de la humanidad. (Ver "La Doctrina de la Expiación", abajo.)

RESUCITO AL TERCER DIA

El resucitó al tercer día, con un cuerpo tangible de carne y hueso. Además de las apariciones después de su resurrección como están narradas en la Biblia, el Libro de Mormón cuenta de su venida a las Américas como un ser resucitado. El organizó la iglesia entre el pueblo nefita, con doce discípulos para dirigirla (LM 3 Nefi 11).

El vendrá de nuevo en poder y gran gloria para establecer su reino sobre la tierra. (Ver "La Doctrina de las Ultimas Cosas" [Escatología], abajo.)

LA DOCTRINA DEL HOMBRE

La vida empezó para el hombre y para todas las cosas creadas (animales, aves, peces y toda criatura viviente, hasta la tierra misma) en el tiempo de sus respectivas creaciones espirituales. Sin embargo, debe entenderse que Dios no creó nada, en el sentido de traerlo a la existencia primigenia. El "organizó los elementos, que son coeternos con él" (McConkie 751). Los elementos así "organizados" son conocidos como "inteligencias", o "hijos espirituales" (McConkie 751).

En la amplia extensión de la eternidad, el avance del hombre en el sistema de la progresión eterna incluye cuando menos cuatro etapas: (1) la existencia premortal o espiritual, con cuerpos "hechos de una substancia más pura y refinada que los elementos de los que se hacen los cuerpos mortales" (Eter 4:16; DyC 131:7, 8.) (McConkie 589). (2) La vida mortal en la tierra, con el cuerpo y el espíritu unidos temporalmente (DyC 93:33). (3) En el mundo espiritual, la morada de los espíritus incorpóreos, después de la muerte. Es "sobre esta tierra", y estará "sin habitantes" después de la resurrección (McConkie 762). (4) La inmortalidad, el estado resucitado con cuerpo y espíritu conectados *inseparablemente*.

LIBRE AGENCIA DE LOS HIJOS ESPIRITUALES

Los hijos espirituales de Dios recibieron el derecho de libre agencia, es decir, la libertad para escoger el bien o el mal. Sus decisiones determinan, hasta cierto grado, su estado posterior. Una tercera parte se rebeló con Satanás y cayó con él. Ellos permanecerán "incorpóreos", sin entrar nunca en el sistema de progresión eterna (ver "La Doctrina de la Eternidad [El Estado Final]", abajo, subsección "Perdición"). Dos terceras partes permanecieron "afirmativamente por Cristo", pero algunos fueron menos "valientes" que otros. Esto explica los "millones de personas locas y afligidas sobre la tierra", y "los que viven en inmundicia, corrupción, pobreza y degradación".[19] Lo que son es el resultado de decisiones hechas en la existencia premortal. Por la misma razón, a los negros, que son el linaje de Caín, se les negó hasta 1978 el sacerdocio y las bendiciones correspondientes a este estado mortal (ver "Los Negros Mormones y el Sacerdocio", abajo).

ADAN EN EL ESTADO PREMORTAL

En el estado premortal, Adán era Miguel, el arcángel (DyC 27:11; 107:54). Como primer hombre, fue formado "a la imagen de Dios, su Padre espiritual" (Talmage 63). Fue puesto en el jardín de Edén con Eva, una de sus esposas preencarnadas. Este lugar, también llamado Adam-ondi-Ahman, está localizado "en la zona de la que el condado Jackson, Missouri, es el centro" (McConkie 20). Sión, la Nueva Jerusalén, será construida allí en los últimos días.

LA CAIDA DE ADAN

"Adán cayó para que los hombres pudieran ser; y los hombres son, para que pudieran tener gozo" (LM 2 Nefi 2:25). Adán y Eva tenían cuerpos inmortales. Eva, sin embargo, pecó y se volvió mortal. Eso creó un dilema para Adán. El había recibido dos mandamientos: primero, multiplicarse y llenar la tierra; segundo, no tocar el árbol prohibido. Eva era ahora mortal. Adán, siendo todavía inmortal, ¡no podía obedecer el primer mandamiento sin desobedecer el segundo! "El, deliberada y sabiamente escogió permanecer fiel al primero y más grande mandamiento, y... participó de la fruta" (Talmage 65).

La caída fue predestinada dentro del propósito de Dios. Debe ser considerada como una buena cosa en que fue un medio para proveer a billones de espíritus preexistentes con tabernáculos mortales. Adán exclamó: "Bendito sea el nombre de Dios, porque por mi trasgresión mis ojos son abiertos, y en esta vida tendré gozo" (PGP Moisés 5:10). Eva se regocijó: "Si no hubiera sido por nuestra trasgresión nunca hubiéramos tenido simiente, y nunca hubiéramos conocido el bien y el mal, ni el gozo de nuestra redención, ni la vida eterna que Dios dio a todos los obedientes" (PGP Moisés 5:11). El catecismo mormón declara que debe pensarse de la caída como uno de los grandes avances hacia la exaltación personal y la felicidad. El

19 John J. Stewart, *Mormonism and the Negro* (Orem, Utah: Bookmark, 1967), pp. 29-30.

hombre así se convirtió en mortal, una bendición disfrazada en que
provee la oportunidad de progresión y perfección eternas a todos los
hijos espirituales de Elohim. También trajo al hombre el conocimiento del bien y del mal. Este "es un elemento esencial en la
comisión de pecado, y nuestros primeros padres no tuvieron este
conocimiento hasta que hubieron participado del fruto" (McConkie
804).

LA ENSEÑANZA MORMONA SOBRE EL PECADO ORIGINAL

La doctrina del pecado original es negada por el segundo artículo de fe: "Creemos que los hombres serán castigados por sus propios pecados, y no por la trasgresión de Adán" (PGP Artículos de Fe
2). "Todo espíritu de hombre era inocente en el principio" (DyC
93:38). La edad de responsabilidad es considerada los ocho años,
puesto que se declara que "sus hijos serán bautizados para la
remisión de sus pecados a los ocho años de edad" (DyC 68:27).

LA DOCTRINA DE LA EXPIACION

Creemos que mediante la expiación de Cristo toda la
humanidad será salvada, por obediencia a las leyes y ordenanzas del evangelio.

Creemos que los primeros principios y ordenanzas del evangelio son: primero, fe en el Señor Jesucristo; segundo,
arrepentimiento; tercero, bautismo por inmersión para la
remisión de pecados; cuarto, imposición de manos para el
don del Espíritu Santo. (PGP Artículos de Fe 3, 4)

En contraste con el plan de Lucifer, que hubiera obligado al
hombre a obedecer a Dios, Cristo se ofreció a sí mismo para que el
hombre fuera libre de escoger por sí mismo. Hay dos aspectos de la
salvación: general, o incondicional; e individual, o condicional.

LA SALVACION GENERAL (INCONDICIONAL)

La salvación general, o incondicional, está segura para todos.
Las debilidades corporales, enfermedades y muerte física, vienen
sobre todos los hombres por causa de la trasgresión de Adán. Los
hombres se volvieron *mortales* (lo que significa que quedaron sujetos
a "la separación del espíritu eterno del cuerpo mortal" (McConkie
185). Cristo, por la obra de redención, venció la muerte física y
garantizó la resurrección física a todas las cosas vivas. ¡Esta es
inmortalidad! "Hasta el incrédulo, el pagano y el niño que muere
antes de alcanzar la edad de la discreción, todos somos redimidos

por el autosacrificio del Salvador de las consecuencias individuales de la caída... La resurrección del cuerpo es una de las victorias realizadas por Cristo mediante su sacrificio expiatorio" (Talmage 85). Incluidos también están "las bestias, las aves del aire y los peces del mar" (DyC 29:23-25), y de "la tierra... y de la expansión infinita de los mundos en la inmensidad" (McConkie 642). La única excepción son los hijos de perdición.

LA SALVACION INDIVIDUAL (CONDICIONAL)

La salvación individual, o condicional, concierne a la progresión eterna del alma individual y es completamente dependiente de la obediencia, las obras y las decisiones en *esta* esfera de la existencia. La garantía de inmortalidad (resurrección física) no es sinónima de "vida eterna" o de "exaltación". No asegura "divinidad" en la eternidad.

Hay tres posibles esferas de existencia en la eternidad. Solamente una, la celestial, es la morada de los que continúan en progresión eterna para ser como "dioses". (Ver "La Doctrina de la Eternidad [El Estado Final]", abajo.) La entrada a esta esfera es sobre la base de la obediencia a las leyes y ordenanzas, y "por devoción y fidelidad, por perseverar hasta el fin en justicia y obediencia, entonces es posible merecer una consideración celestial" (McConkie 116; ver también DyC 20:29; LM 2 Nefi 9:23, 24). Es con esto en mente que Talmage afirma que "el dogma sectario de la justificación por la fe sola ha ejercido una influencia para mal" (Talmage 479). El lugar a donde uno va después que es resucitado es determinado por las respuestas individuales, las acciones y las decisiones *ahora*.

EL BAUTISMO

"Para los mormones, el bautismo... es la más vital y significativa de todas las ordenanzas —la misma entrada al reino del cielo— un paso indispensable en nuestra salvación y exaltación."[20] Sin él, es imposible el perdón de los pecados. Como José Smith declaró, "Los que no creen en tus palabras, y no son bautizados en agua en mi [el de Jesús] nombre, para la remisión de sus pecados, para que puedan recibir el Espíritu Santo, serán condenados" (DyC 84:74). El bautismo infantil es considerado una "burda perversión" de la verdadera doctrina cristiana.

El bautismo por los muertos es el "enlace unificador" entre "padres e hijos" (DyC 128:18). Esta práctica singular ocupa un lugar prominente en la actividad actual del templo mormón, y presumible-

---

[20] Wallace F. Bennett, *Why I Am a Mormon* (Boston: Beacon Press, 1958), p. 124.

mente será la gran obra durante el milenio. La enseñanza básica es que muchos han muerto sin la oportunidad de escuchar y creer el evangelio. Para ellos, en el mundo espiritual, Cristo fue y predicó después de su muerte. Se pretende que 1 Corintios 15:29 y 1 Pedro 3:18-22 apoyan esto. Hay otros "que han ido al mundo espiritual que nunca se han sometido a la ordenanza del bautismo, mientras que un gran número de los que han sido bautizados recibieron la ordenanza administrada por uno que no tenía ninguna autoridad".[21] A ellos también se les da la oportunidad de escuchar y creer. Pero ni siquiera los espíritus creyentes pueden ser salvos sin bautismo en agua. Por eso el bautismo por poder es una actividad principal por la que

> los Santos de los Utimos Días están diligentemente dedicados a construir templos en los que esta ordenanza pueda ser realizada... Los Santos se están congregando en los templos del Señor y redimiendo a sus muertos de la garra de Satanás. Están realizando una obra grande y poderosa por la familia humana que ha vivido en las diferentes épocas de la historia del mundo, y que, en algunos casos, por revelación, hizo manifiesto a sus hijos o amigos el hecho de que han aceptado el evangelio en el mundo espiritual.[22]

En la práctica de esta actividad, la "Iglesia ha acumulado más de 150.000 rollos de microfilm que cubren más de 230 millones de páginas de estadísticas vitales, y la obra todavía sigue".[23] Se dice que durante 1965 hubo 3.607.692 de tales bautismos.

EL MATRIMONIO CELESTIAL

Los mormones consideran que "el matrimonio celestial (es) la entrada a la exaltación en el más alto cielo dentro del mundo celestial" (McConkie 118; ver también DyC 131:1-4). Este rito es realizado solamente en templos mormones. Por él, el hombre y la mujer son "sellados para el tiempo y la eternidad" y "tienen derecho eterno sobre su posteridad, y el don del crecimiento eterno".[24] A condición de que guarden todos los otros términos y condiciones establecidos, llegan a ser "dioses por derecho propio" (McConkie 118). Esta ordenanza exaltadora también puede ser realizada vicariamente, para beneficio de los muertos dignos.

---

[21] John Morgan, *The Plan of Salvation* (Salt Lake City: Deseret News Press, s.f.), p. 22.
[22] *Ibíd.*, p. 23.
[23] Bennett, p. 130.
[24] Smith, *Doctrines of Salvation*, 2:44.

LA DOCTRINA DE LAS ULTIMAS COSAS
(ESCATOLOGIA)

Creemos en la reunión literal de Israel y en la restauración de las diez tribus; que Sión será construida sobre este continente (el americano); que Cristo reinará personalmente sobre la tierra y que la tierra será renovada y recibirá su gloria paradisiaca (PGP Artículos de Fe 10).

TRES REUNIONES

Las reuniones serán tres en número: "la casa de José será establecida en América, la casa de Judá en Palestina, y... las tribus perdidas vendrán a Efraín en América para recibir sus bendiciones a su debido tiempo" (McConkie 306; de DyC 133).

Israel. El pueblo de Israel se reunirá en la tierra de Sión, que es el continente americano. Se ha observado que sobre Efraín, el hijo de José, se concedió la primogenitura en Israel (Gén. 48:5-22). Israel, el reino del norte, esparcido después por todo el mundo conocido, frecuentemente es nombrado como Efraín. Así, Efraín "está a la cabeza en los útimos días... y debe ser reunido primero para preparar el camino... para el resto de las tribus de Israel."[25] Además, "José Smith era efraimita puro",[26] del linaje de José, y "la gran mayoría de los que han venido a la iglesia son efraimitas".[27] De esta manera la casa de Israel está siendo congregada conforme hombres y mujeres se unen a la Iglesia de Jesucristo de los Ultimos Días, y la casa de Israel está siendo establecida en Sión.

Judá. La casa de Judá (el pueblo judío) está siendo congregada en Jerusalén, principalmente en incredulidad. "El gran cuerpo (de ellos) no recibirá a Cristo como su redentor hasta que él mismo venga y se haga manifiesto a ellos."[28]

Tribus perdidas. Las diez tribus perdidas son descendientes del pueblo llevado en cautividad por Salmanasar de Asiria (721 a. de J.C.). Muchos todavía viven en "los países del norte", donde el Señor los ha escondido. La prueba de su existencia se encuentra en el Libro de Mormón (LM 3 Nefi 16:1-4; 17:4). Fueron visitados por el Señor resucitado después de su ministerio en este continente entre

---

25 Smith, *Doctrines of Salvation*, 3:252.
26 *Ibíd.*, p. 253.
27 *Ibíd.*, p. 252.
28 *Ibíd.*, p. 9.

los nefitas. "A su debido tiempo (ellos) regresarán y vendrán a los hijos de Efraín para recibir sus bendiciones. Esta gran reunión tendrá lugar bajo la dirección del presidente de la Iglesia de Jesucristo de los Ultimos Días" (McConkie 458).

REINO MILENARIO DE CRISTO

El reino milenario de Cristo seguirá a la reunión de Israel y al establecimiento de la Sión terrenal.

La primera resurrección. Este período glorioso de paz y prosperidad será inaugurado por la primera resurrección. Llamada la "resurrección de vida", o "de los justos", será en dos partes. Los resucitados con cuerpos celestiales vendrán en la mañana de la primera resurrección. Serán elevados para encontrar al Señor, y descenderán con él, para reinar junto con él (DyC 88:95-98). Evidentemente están incluidos todos los niños que murieron antes de alcanzar la edad de responsabilidad. En la tarde, los que tienen "cuerpos terrenales" se levantarán (ver "La Doctrina de la Eternidad [El Estado Final]", abajo, subsección "El Reino Terrenal"). Ellos vivirán en la tierra durante el reino milenario.

La segunda venida de Cristo. El regreso del Señor será notable por la destrucción de los malvados. Este evento ocurrirá al fin de la batalla de Armagedón, que entonces estará sucediendo. La tierra será limpiada de toda su corrupción y maldad. Todos los malvados, indignos de gloria celestial o terrenal, pasarán los mil años en "la prisión preparada para ellos". Allí estarán para "arrepentirse y limpiarse a sí mismos mediante las cosas que sufrirán".[29]

Limpieza de la tierra. La tierra será limpiada por fuego y renovada, y recibirá su gloria paradisiaca, un regreso al "estado edénico, terrenal".

Atadura de Satanás. Satanás será atado y sus poderes limitados por los mil años. Los hombres serán aliviados de la tentación hasta cierto punto, pero "el pecado no será totalmente abolido, ni la muerte quitada" (Talmage 371). "Los niños vivirán para alcanzar madurez en la carne, y entonces pueden ser cambiados a una condición de inmortalidad" (Talmage 371).

Habitantes de la tierra. "Seres mortales e inmortales habitarán la tierra, y la comunión con los poderes celestiales será común" (Talmage 371).

Obra en el milenio. La gran obra del milenio será la realización vicaria de "ordenanzas salvadoras y exaltadoras" (bautismo y matrimonio celestial) en favor de "muertos dignos que murieron sin oportunidad durante la vida (McConkie 501).

---

[29] *Ibíd.*, p. 60.

Proclamación del evangelio. El evangelio será enseñado con gran poder, y "eventualmente toda la gente abrazará la verdad".[30]

La segunda resurrección. La segunda resurrección tendrá lugar al fin del milenio. Como en el caso de la primera resurrección, tiene dos partes. Los que están destinados para gloria celestial (ver "La Doctrina de la Eternidad [El Estado Final]", abajo, subsección "El Reino Terrenal") serán resucitados en la "primera parte". En la "parte final" viene la resurrección de condenación, correspondiente a los hijos de perdición.

La liberación de Satanás. Satán será desatado y dirigirá la rebelión final al fin del milenio. El engañará a los hombres de nuevo y juntará "a sus ejércitos, hasta las huestes del infierno" (McConkie 501). Su derrota será total. Todos, incluyendo a Satanás, serán arrojados a "un castigo tan terrible que el conocimiento será retenido de todos, excepto de los que están destinados a esta condena" (Talmage 60).

LA RESURRECCION DE LA TIERRA

La tierra morirá, resucitará, y se convertirá en "un cuerpo celestializado, apropiado para morada de las inteligencias más exaltadas" (Talmage 375). "El milenio, con todo su esplendor, no es sino un estado más avanzado de preparación, por el cual la tierra y sus habitantes entrarán a la perfección predestinada" (Talmage 375).

LA DOCTRINA DE LA ETERNIDAD
(EL ESTADO FINAL)

Hay tres reinos eternos de glorias muy diferentes, y otro lugar para los hijos de perdición. La condición y el lugar de los individuos en la eternidad es el resultado de sus propios esfuerzos, y "no el sacrificio de Cristo".[31] Cada reino está organizado sobre un plan de graduación. El avance dentro de cada uno es posible, pero al progreso de uno a otro le falta "afirmación positiva" (Talmage 409).

EL REINO CELESTIAL

El reino celestial (la esfera de la exaltación) estará localizado en la tierra "resucitada". Será la morada de los que han sido limpiados de pecados y han continuado obedientes a las leyes y ordenanzas del evangelio. "Ellos serán dioses, porque no tienen fin" (DyC 132:16-26). "Ellos tienen crecimiento eterno...; es decir, tienen hijos espiri-

---

30 *Ibíd.*, p. 64.
31 Bennett, p. 191.

tuales en la resurrección, y en relación con esta descendencia están en la misma posición que Dios nuestro Padre está con nosotros" (McConkie 257). Todos los que alcanzan esta esfera morarán en la presencia de Dios y de su Cristo para siempre (DyC 76:62).

EL REINO TERRENAL

El reino terrenal será poblado por los que no aceptaron el evangelio hasta que estuvieron en el mundo espiritual. Con ellos habrá "personas responsables que murieron sin ley;... hombres honorables de la tierra que están ciegos... y que por tanto no aceptan y viven la ley del evangelio" (McConkie 784); y miembros de la Iglesia de Jesucristo de los Santos de los Ultimos días Días que no fueron valientes, sino tibios. Permanecerán sin casar y sin exaltación, y recibirán la presencia del Hijo, pero no la plenitud del Padre.

HABITANTES DEL REINO TELESTIAL

El reino telestial es el lugar al cual "irá... la mayoría de la gente adulta que ha vivido desde el día de Adán" (McConkie 778). José Smith vio en una visión que los habitantes del mundo telestial "eran tan innumerables como las estrellas en el firmamento del cielo, o como la arena en la playa" (DyC 7d6:109). Habiendo rechazado a Cristo y habiendo vivido perversamente, serán los últimos en ser resucitados, y habrán sufrido la ira de Dios en el mundo espiritual. En esta esfera nunca conocerán la presencia de Dios o de Cristo, sino seguirán como siervos de Dios.

PERDICION

La perdición significa que no hay esperanza de ningún grado de salvación. "Dos personas, Caín y Satanás, han recibido el título *perdición*" (McConkie 566). Los hijos de perdición incluyen a los ángeles que se rebelaron con Satanás, y hombres que cometieron el pecado imperdonable: es decir, "habiendo recibido el testimonio de Cristo, y habiendo sido dotados por el Espíritu Santo (ellos) entonces niegan al mismo y desafían el poder de Dios" (Talmage 410). El pecado imperdonable "puede ser cometido únicamente por los que han recibido conocimiento y convicción de la verdad" (Talmage 410). Ellos están destinados al fuego eterno.

Sin embargo, esto es suavizado por la idea de que "debe haber un fin para el castigo futuro". Es llamado "castigo eterno" porque Dios es "eterno". "Castigo eterno" es sencillamente "castigo de Dios;... es el nombre del castigo que Dios inflige, siendo él eterno en su naturaleza". ¡Dios tiene el poder para perdonar más allá de la tumba! El castigo eterno puede durar "una hora, un día, una semana, un año, o una época".[32]

POLIGAMIA

La práctica de la poligamia, o matrimonio plural, "fue establecido como resultado de revelación directa, y muchos de los que siguieron el mismo sintieron que les ordenaban divinamente hacerlo así" (Talmage 424). El dato se encuentra en Doctrinas y Convenios, sección 132. Su título dice: "Revelación dada a través de José Smith, el profeta de Nauvoo, Illinois, registrada el 12 de julio de 1843, en relación con el convenio nuevo y eterno, incluyendo la eternidad del convenio matrimonial, como también la pluralidad de esposas." En esta revelación es claro que un "indispensable para la obtención del estado de divinidad" es el "matrimonio debidamente autorizado" (DyC 132). En los versículos 52 al 54 de la sección 132, se le dice a Emma Smith, esposa de José, que debe prepararse para recibir esposas adicionales "dadas" a su esposo, o de lo contrario ella sería destruida.

Se ha señalado que los dioses del mormonismo son polígamos y constantemente están engendrando hijos. Al segundo presidente, Brigham Young, se atribuye la afirmación de que "cuando nuestro Padre Adán vino al jardín de Edén,... el trajo consigo a Eva, *una de sus esposas*".[33] Por esto es que el concepto de que Jesucristo era casado y que era polígamo no provoca consternación. Sólo engendrando hijos pudo él llegar a lo más alto en el reino celestial.

La poligamia se convirtió después en un asunto controversial en la historia mormona, pero no hay duda de que la práctica era común y que empezó con José Smith el profeta. El sexto presidente de la iglesia, José F. Smith, escribió: "puedo afirmar positivamente, por evidencia incontrovertible, que José Smith fue el autor, bajo Dios, de la revelación sobre el matrimonio plural".[34] El cita un testimonio respecto a una esposa plural de José Smith. El también da los nombres de otras seis mujeres que testificaron, bajo juramento, "que fueron selladas durante la vida de él por el profeta José Smith".[35] La poligamia continuó como una observancia de la iglesia en Utah por diez años sin que se emitiera ninguna ley que se le opusiera. A principios de 1862, sin embargo, se arreglaron estatutos federales que declaraban ilegal la práctica. Después de muchas apelaciones de la iglesia que fueron infructuosas, el presidente mormón Wilford

---

32 Morgan, pp. 23, 24.
33 Brigham Young, en *Journal of Discourses*, 1:509.
34 Smith, *Gospel Doctrine*, p. 489.
35 *Ibíd.*, pp. 489-90.

Woodruff, el único hombre en la tierra que tenía las llaves de las ordenanzas selladoras, emitió una declaración oficial en 1890. A partir de entonces la iglesia discontinuó la práctica del matrimonio plural, según James E. Talmage, uno de los doce apóstoles de la iglesia mormona (Talmage 424, 524-25).

EL NEGRO MORMON Y EL SACERDOCIO

Como se señaló antes, José Smith fue ordenado al sacerdocio aarónico por Juan el Bautista y al sacerdocio de Melquisedec por Pedro, Jacobo y Juan. Estos dos sacerdocios son centrales en la organización de los mormones. "Tocante a la eternidad, el sacerdocio es el poder y autoridad eternos de la deidad por la cual todas las cosas existen; por la cual son creadas, gobernadas y controladas; por la cual el universo y mundos sin número han venido a la existencia; por la cual el gran plan de creación, redención y exaltación opera a través de la inmensidad. Es el poder de Dios" (McConkie 594).

El sacerdocio menor es el aarónico, que contiene los oficios de diácono, maestro, sacerdote y obispo. Es preparatorio; por él uno es preparado para el mayor, el sacerdocio de Melquisedec. Este último contiene los oficios de anciano, setenta, sumo sacerdote, patriarca o evangelista, y apóstol. El sacerdocio de Melquisedec es "el canal mediante el cual todo conocimiento, doctrina, el plan de la salvación, y todo asunto importante es revelado desde el cielo" (McConkie 527). La doctrina mormona declara específicamente "que a los espíritus enviados a la tierra por el linaje de Caín y Cam se les niega absolutamente el sacerdocio, hasta donde concierne a la vida mortal" (McConkie 479). La iglesia mormona además sostiene que hubo espíritus premortales que eran "menos valientes" que otros, y que "por tanto tenían impuestas sobre ellos ciertas restricciones espirituales durante la mortalidad". Ellos "son conocidos por nosotros como los negros" (McConkie 527). A los negros se les niega el sacerdocio y "bajo ninguna circunstancia pueden tener esta delegación de autoridad" (McConkie 527). Ellos "no son iguales a otras razas en lo que concierne a la recepción de ciertas bendiciones espirituales" (McConkie 527). "¡Esta es una acción del Señor, y está basada en sus leyes eternas de justicia!

Es de lo más notable que en junio 9 de 1978 el presidente mormón Spencer W. Kimball, profeta, vidente y revelador de la Iglesia de Jesucristo de los Santos de los Ultimos Días, emitió este decreto: Dios "ha confirmado por revelación que el día largamente prometido ha llegado cuando cada fiel y digno puede recibir el sacerdocio santo con poder para ejercer su autoridad divina... Consecuentemente, todos los miembros dignos de la iglesia pueden ser ordenados al sacerdocio sin relación con su raza o color".[36] Este decreto esperado tanto tiempo fue ampliamente promulgado y fue aclamado por los menos de un millar de miembros negros de la iglesia. Aparentemente no se ha hecho ningún intento por reconciliar estos edictos diametralmente opuesto de "la voluntad y la palabra del Señor" con sus leyes de justicia. Puesto que la existencia mortal fue definida por acciones irreversibles hechas en el mundo espiritual preexistente, las explicaciones irrefutables son imposibles.

DIVISIONES EN EL MORMONISMO

A la muerte de José Smith, una conferencia especial en Nauvoo, Illinois, el 8 de agosto de 1844 votó aceptar el concilio eclesiástico de doce apóstoles, encabezado por Brigham Young, como el cuerpo gobernante interino hasta la reorganización de una presidencia. El cuerpo principal, que sumaba unos veinte mil, se fue con Young a Utah. Estos formaron el principio de un grupo al que usualmente se alude cuando se mencionan "los mormones". Su membresía actual es de aproximadamente dos millones.

Cinco grupos disidentes rehusaron seguir a Brigham Young y formaron organizaciones separadas. De estas, solamente una tiene importancia. Es la Iglesia Reorganizada de Jesucristo de los Santos de los Ultimos Días, con oficinas centrales en Independence, Missouri. Ellos son llamados josefitas. Los mil originales siguieron a Emma Smith, la primera esposa de José, y después fueron organizados por José Smith Jr. La membresía actual aproximada es de 175.000. Un activo programa de publicación hace hincapié en las diferencias que existen entre ellos y la iglesia mormona de Utah, como es llamado el grupo principal.

Ambos grupos creen en la autenticidad del Libro de Mormón. Ambos aceptan y publican "muchas de las revelaciones dadas mediante el profeta José Smith en nuestras respectivas versiones y adiciones de *Doctrinas y Convenios*".[37] Las diferencias tienen que ver con conceptos conflictivos respecto a Dios, la cuestión de la poligamia, ritos del templo secreto y sucesión profética y liderazgo. Se hace una fuerte objeción al "axioma aceptado por muchos años por los mormones: "Como el hombre es, Dios fue una vez; como Dios es, muchos pueden llegar a ser".[38] Se rechaza la enseñanza de que Dios mismo es un ser progresivo. La Iglesia Reorganizada enseña que Dios es eternamente invariable. Naturalmente con esto

36 *Forward Magazine 2*, No. 1 (1978), p. 1. Esta revista es publicada por Christian Research Institute, Box. 500, San Juan Capistrano, CA 92675.
37 Elbert A. Smith, *Differences That Persist* (Independence, Mo.: Herald), p. 6.
38 *Ibíd.*, p. 9.

sigue el repudio de la teología de Brigham Young de Adán-Dios. Correlacionado con esto está la negación de la doctrina del matrimonio celestial en lo que concierne a la progresión eterna y a la exaltación del hombre.

La Iglesia Reorganizada sostiene que la poligamia es contraria a la enseñanza y la práctica de José Smith. Ofrece evidencia documentaria para probar que la historia aceptada de las esposas plurales del profeta fue un engaño perpetrado por Brigham Young y sus asociados cercanos. La sección 132 de Doctrinas y Convenios no es aceptada como revelación divina.

En el templo de Kirtland de la Iglesia Reorganizada no hay reuniones secretas de ninguna clase. Todas las reuniones están abiertas al público; ninguno de los sacramentos y ordenanzas es efectuado en secreto. Los "Ritos del Templo Secreto", como los practican los mormones de Utah, sostienen que son detestables. Finalmente, los josefitas desaprueban la pretensión de que Young y sus sucesores son los ancianos ordenados de la iglesia. Ellos siguieron a José Smith Jr. como el sucesor designado por su padre y han mantenido su propia línea de sucesión "revelada".

Este grupo publica y usa la Versión Inspirada de la Biblia. Iniciada por José Smith como una revisión de la Versión del rey Jaime, no fue completada por él y por tanto no es usada por los mormones de Utah.

2

TESTIGOS DE JEHOVA

Los Testigos de Jehová son, según su propia definición, "siervos de Jehová, el Dios Todopoderoso, y testigos activos de su supremacía soberana".[1] Reclamando ser seguidores de "Cristo su líder", rechazan cualquier asociación con los "religiosos hipócritas del cristianismo organizado". El anticristo es definido como "cualquier organización o individuo que está contra Cristo o el cristianismo". Esto incluye a los que dicen que "Cristo fue Dios encarnado; a los que niegan que Cristo realmente vino a la tierra como un hombre de carne perfecto; al clero colectivo del cristianismo; a las religiones paganas; a la religión roja comunista" y a los partidiarios de las Naciones Unidas (MS 14-15).

La soberanía de Dios, dicen, fue impugnada cuando Adán y Eva se rebelaron. Por eso, el asunto principal ante todos los cielos y la tierra es la vindicación del nombre y la soberanía de Jehová. Esto es más importante que la salvación de los hombres y será completamente resuelto cuando llegue la Batalla de Armagedón. Mientras tanto, los miembros fieles de esta organización están demostrando que hay "un grupo de personas dedicado a hacer la voluntad de Dios"[2] y de esta manera están vindicando "su nombre vituperado y falseado" (LG 29).

La actividad de publicación de los Testigos de Jehová es sencillamente asombrosa. El tiraje promedio de cada número de la revista *Despertad* es de 10.125.000 (1977), y el tiraje promedio de cada número de la revista *La Atalaya* es 9.200.000 (1978) en ochenta y ocho idiomas. La producción de libros encuadernados en tela es aparentemente interminable, con considerable repetición de contenido. Todos están escritos en el mismo tono autoritativo, y muy convincentes para los lectores no informados. En un lenguaje vehemente y cáustico, se oponen de manera particular a la doctrina orto-

---

[1] *Make Sure of All Things* (Brooklin: Watchtower Bible and Tract Society, 1953), p. 193 (citado en el texto o en notas como MS).

[2] *Let God Be True* (Brooklin: Watchtower Bible and Tract Society, 1952), p. 219 (citado en el texto o notas como LG).

doxa de la Trinidad. Niegan la deidad esencial de Jesucristo y la personalidad del Espíritu Santo. La eficacia de la expiación la invalidan con la demanda de fidelidad continua en la testificación, y cualquier grado de seguridad es virtualmente imposible. Hay un énfasis no escriturario en los 144.000 "seguidores de Cristo" que "serán los únicos en ir al cielo" (MS 196). *Ellos* componen el "cuerpo de Cristo", y para ellos están reservados los títulos que, en el cristianismo ortodoxo, se aplican a los verdaderos creyentes. La masa de Testigos de Jehová trabaja incesantemente, con la esperanza de la eternidad en un paraíso terrenal. Y hasta la continuidad allí parece depender de la fidelidad.[3] Esta "fidelidad en la testificación" está indicada en las 307.272.262 horas de testificación informadas en 1978.

La *organización* conocida como Testigos de Jehová fue formada legalmente en 1884 por Charles Taze Russell. Entonces era conocida como la Sociedad Atalaya de Biblias y Tratados. Russell rechazó mucha de la enseñanza del cristianismo ortodoxo y construyó su propio sistema de interpretación bíblica. Sus ideas circularon ampliamente mediante siete volúmenes de *Studies in The Scriptures* (Estudios en la Escritura) (Allegheny, Pa.: Watchtower Bible and Tract Society). "Se ha dicho que se han distribuido 15 millones de esta serie."[4] La organización era conocida diversamente como ruselistas, albistas del milenio, rutherfordistas (por Joseph Franklin Rutherford, el sucesor de Russell), y Estudiantes Internacionales de la Biblia. Sin embargo, en 1931 el nombre se convirtió en Testigos de Jehová. El nombre fue basado en Isaías 43:10 (ver también 44:8) que dice: "Vosotros sois mis testigos, dice Jehovah." Rutherford, presidente desde 1917 fue sucedido por Nathan Homer Knorr en 1942. Bajo su presidencia la obra se extendió hasta la última "tierra e islas del mar". Knorr murió en junio de 1977. El fue sucedido por Frederick Franz, un Testigo de Jehová desde 1913.

FUENTES DE AUTORIDAD

"Que Dios diga lo que es la verdad que libera al hombre" (LG 9). "Aceptad su Palabra, la Biblia, como la verdad" (LG 9). Con estas declaraciones y otras semejantes, los Testigos de Jehová se proponen revelar su devoción a la Biblia. Es "la palabra escrita de Jehová

[3] *From Paradise Lost to Paradise Regained* (Brooklin:Watchtower Bible and Tract Society, 1958), p. 226.
[4] Bruce M. Metzger, *The Jehovah's Withnesses and Jesus Christ* (Princeton, N.J.: Theological Book Agency), p. 65. El librito es una reimpresión de *Theology Today* 10, no. 1 (abril 1953):65-85.

Dios para la humanidad, revelándose y expresando su propósito"
(MS 36).

Realmente, la fuente final de autoridad es la Palabra de Dios
como es traducida e interpretada en escritos voluminosos de la organización. Como afirmó el pastor Russell en relación con sus *Studies
in the Scriptures*, "La gente no puede ver el plan divino estudiando
la Biblia sola."[5] En ellos está esta declaración: "Sea conocido que
ningún otro sistema de teología reclama, y no siquiera ha intentado
armonizar en sí misma cada declaración de la Biblia; sin embargo,
nada menos que esto reclamamos nosotros."[6] *La Traducción
Nuevo Mundo de las Santas Escrituras* fue publicada por los
Testigos, en inglés, en 1961. La página titular afirma que la traducción es "rendida de las lenguas originales por el Comité de
Traducción de la Biblia Nuevo Mundo". Es una traducción parcial,
hecha para verificar doctrinas predeterminadas. Como escribe
Anthony A. Hoekema, "muchas de las enseñanzas peculiares de la
Sociedad Atalaya están metidas de contrabando en el texto de la
Biblia misma".[7] Se han tomado libertades indebidas en la traducción
inglesa para justificar enseñanza que no está en armonía con la del
cristianismo histórico, pero que se han afirmado dogmáticamente en
los escritos de los Testigos de Jehová.

Por ejemplo, el libro *Make Sure of All Things* (Asegúrate de
todas las cosas) declara categóricamente que "el Espíritu Santo NO
es una persona" (MS 389). Por eso, la palabra *espíritu*, refiriéndose
al Espíritu Santo, nunca se escribe con mayúscula. Asimismo, puesto
que niegan la deidad de Cristo, traducen Juan 1:1, "En el principio
era el Verbo y el Verbo era un dios." Se ha hecho notar que en
Colosenses 1:15-17 indebidamente ha sido insertada cuatro veces la
palabra "otro". Eso lo hicieron para poner a Jesucristo al nivel de
"otras" cosas creadas. Filipenses 2:6 es otra traducción flagrante-
mente falsa. Así se lee: "[Jesucristo] aunque estaba existiendo en la
forma de Dios, no le dio consideración a una posesión, a saber, que
pudiera ser igual a Dios." El significado obvio es que Cristo no era
igual a Dios y que escogió no serlo.

Estos ejemplos se dan para indicar que la fuente de autoridad de
los Testigos de Jehová no es la Biblia, sino la Biblia como es interpretada por Russell, Rutherford y sus seguidores. El "sentido común
santificado" de Russell rechazó el misterio de la Trinidad, y con ella
eliminó la misma persona del Espíritu Santo, quien convence de

5 *Watchtower*, septiembre 15, 1910. Citado por J. Oswald Sanders, *Cults and Isms* (Grand
Rapids: Zondervan, 1962), p. 79.
6 Charles Taze Russell, *Studies in the Scriptures* (Allegheny, Pa.: Watchtower Bible and
Tract Society, 1907) 1:348.
7 Anthony Hoekema, *The Four Major Cults* (Grand Rapids: Eerdmans, 1963), pp. 238, 39.

pecado (Juan 16:8), y denigró la deidad del Hijo, sin la cual no puede haber expiación. (Información adicional en relación con la enseñanza de los Testigos de Jehová acerca del Espíritu Santo y el Hijo se dará más tarde bajo "La Doctrina de Dios" y "La Doctrina de Jesucristo.")

LA DOCTRINA DE DIOS

El nombre *Jehová* significa "el Determinador". El es el único Dios verdadero, "y ahora está cumpliendo su propósito de vindicar su nombre y soberanía y bendecir a toda la humanidad fiel a través de su reino" (MS 193). El no es un dios trino, cuya "falsa doctrina negaría su supremacía todopoderosa" (MS 188). La doctrina de la Trinidad se originó en el "antiguo paganismo babilónico" (MS 386).

LA IDENTIDAD DE JEHOVA

La pregunta, "¿quién es Jehová?", hecha por el farón de Egipto, epitomiza la actitud del mundo hoy. Empezó con la rebelión en Edén, que "puso en duda la posición de Jehová como soberano supremo".[8] ¿Podía Jehová crear un pueblo que lo sirviera fielmente en total obediencia? Esa era la cuestión principal aun antes de la creación. Que la pregunta es positiva está siendo demostrado por sus "testigos" conforme declaran su nombre por la tierra.

LA PERSONA DE JEHOVA

Jehová es *una* persona. Sus atributos principales son amor, sabiduría, justicia y poder. En un tiempo, completamente solo en el espacio universal, era completo e independiente y nunca solitario.[9] El es sobre todo; él es soberano supremo del universo. El es omnisciente, pero no omnipresente, aunque su poder se extiende a todas partes (MS 191). La doctrina de la Trinidad es hecha a un lado como "falsa, no bíblica". La prueba de eso incluye, principalmente, la negación de la igualdad del Hijo con el Padre. El manual doctrinal *Make Sure of All Things* (Asegúrate de todas las cosas) (edición 1953, revisada en 1957) declara suscintamente: "Jesús es inferior a Jehová", "Jehová es el Dios de Cristo" (MS 387-88). Además de esto está la consistente negación de la personalidad del Espíritu Santo.

----

[8] Virgilius Ferm, ed., *Religion in the Twentieth Century* (Nueva York: Philosophical Library, 1948), p. 388.
[9] *New Heavens and a New Earth* (Brooklin: Watchtower Bible and Tract Society, 1953), p. 21 (citado en el texto o notas como NH).

LA NATURALEZA DEL ESPIRITU SANTO

El Espíritu Santo no es una persona; más bien, él está sujeto a Dios (MS 387-88). El Espíritu es definido como "la fuerza energizante e invisible de Jehová... que produce resultados visibles... experimentados por los hombres" (MS 360). Así, en la *Traducción Nuevo Mundo de las Santas Escrituras*, Génesis 1:2 se lee, en parte, "y la fuerza activa de Dios se movía de aquí para allá sobre la superficie de las aguas". Como se indicó antes, en la *Traducción Nuevo Mundo* las referencias al Espíritu Santo nunca se escriben con mayúscula. No hay ningún intento de explicar las actividades del Espíritu como ayudador, guía, abogado y consolador, ni se muestra cómo él convence de pecado, cómo habla a los creyentes y a través de ellos, cómo puede ser entristecido, etc. (Ver Juan 14:16, 17, 26; 16:7-15; Hech.13:2; Ef. 4:30; y muchos otros versículos.)

LA DOCTRINA DE LA CREACION

Jehová Dios creó todo lo que existe. El, la primera gran causa, hizo existir todo lo que es material y espiritual en el universo. En el orden divino hubo tres etapas en la creación:

LA CREACION DEL HIJO UNIGENITO

El Hijo unigénito fue la primera creación. Jesucristo es la primera creación de Dios. Habiendo recibido vida directamente de Dios "sin ayuda", recibió "prioridad y preeminencia entre todas las criaturas de Dios".[10] Por esta creación, Jehová Dios llegó a ser Padre. Siendo dotado de sabiduría, el Hijo se convirtió en el trabajador maestro, el colaborador con Jehová a través del cual todo lo demás vino a la existencia.

CREACION DE ANGELES

Los ángeles de diferentes rangos fueron creados después. Muy poco después del "alba de la creación", fue creado Lucifer, hijo de la mañana. El y el Hijo unigénito eran príncipes y eran llamados "estrellas de la mañana", que trabajaban juntos y "cantaban juntos".[11] (Ver Job 38:7.) Entonces todos los otros hijos espirituales de Dios, serafines, querubines y ángeles (mensajeros), fueron producidos "perfectos, gloriosos y santos".[12] Se contaban por centenares de millones, todos organizados y puestos en posiciones de servicio.

---

10 *The New World* (Brooklin: Watchtower Bible and Tract Society, 1942), p. 16.
11 *Ibíd*, p. 18.
12 *Ibíd*, p. 24.

CREACION DE LOS CIELOS Y LA TIERRA

Finalmente fueron creados los cielos y la tierra. Al mandato de Dios, su "hijo poderoso, el Verbo", empezó a adornar las profundidades fantasmales del espacio con la creación material.[13] ¡Miles de millones de vías lácteas y galaxias de estrellas! Debe notarse que cualquier sugestión de evolución es insostenible. Sin embargo, el "silencio" de Génesis 1:1 "puede permitir" para el cálculo de la "ciencia moderna" que la edad promedio de las vías lácteas es de 3 a 4 mil millones de años (NH 34-35).

De interés es el cálculo de que cada uno de los días de la creación fue de 7.000 años de duración. Calculando que el "reposo" de Dios empezó hace unos 6.000 años, la batalla de Armagedón está cercana, "y el reinado de Cristo de 1.000 años empezará inmediatamente después de él". El reposo es, por tanto, de 7.000 de duración. Sobre esta base, el hombre fue "puesto en la tierra al fin de los 42.000 años de preparación de la tierra" (LG 168).

LA DOCTRINA DE JESUCRISTO

"Jesús, el Cristo, un individuo creado, es la segunda persona más grande del universo. Jehová Dios y Jesús constituyen juntos las Autoridades Superiores" (MS 207).

La negación de la deidad de Cristo, consistente y vehemente, es un rasgo sobresaliente del sistema. En esa negación los Testigos de Jehová han revivido la antigua herejía conocida como arrianismo. Para los Testigos, Jesucristo era un judío cuya vida y enseñanzas han afectado el curso de la historia humana. El era uno que tenía un pasado maravilloso antes de aparecer en la tierra. Pero él no era Jehová Dios, ni era igual a Jehová Dios. De hecho, él era conocido como ¡Miguel el arcángel! (NH 28).

Los siguientes títulos son tomados de las páginas 207-10 de *Make Sure of All Thing* (Revisado en abril 1, 1957), que establece setenta asuntos principales y da un "cuadro equilibrado" de la creencia de los Testigos de Jehová:

El Unigénito Hijo de Dios, un Espíritu. Jesús era una persona espiritual, el más amado y más favorecido de toda la creación. El era la Palabra, o Logos. "Como tal, él era dios, pero no el Dios Todopoderoso, que es Jehová" (LG 33). Debe notarse de la misma manera que él no posee inmortalidad.

---

[13] *The Truth Shall Make You Free* (Brooklin: Watchtower Bible and Tract Society, 1943), p. 54.

Menor que Jehová. Que Jesucristo es menor que Jehová es comprobado por una injustificable traducción de Filipenses 2:6. "Jesucristo... no le dio consideración a una posesión, a saber, que pudiera ser igual a Dios." Es decir, "él no siguió el camino del diablo, conspiración y ardid para hacerse semejante o igual al Dios Altísimo" (LG 34, 35). También se hace referencia a la errónea e insostenible traducción de Juan 1:1, "En el principio era la Palabra... y la Palabra era un dios." Aunque busca privar a la Palabra de igualdad con el Padre, realmente hace que los Testigos de Jehová sean politeístas.[14]

Nacido como un hijo humano de Dios, oct. 2 a. de J. C. "Al tiempo que la joven concibió por el poder milagroso del Dios Altísimo, entonces la vida del Hijo de Dios fue transferida de su posición gloriosa con Dios su Padre en el cielo al embrión de un humano" (LG 36). Llamarle a esto una "encarnación de Dios" es "antibíblico", porque "el Hijo de Dios hizo a un lado completamente su existencia espiritual".[15] Nació como solamente una criatura humana, "el igual pleno del perfecto Adán en el Edén, impecable y poseedor del derecho a una vida humana perfecta en el Paraíso".[16] Jesús perdió ese derecho para convertirse en base de la redención, como se nota en "La Doctrina de Salvación" más adelante.

Llegó a ser la simiente mesiánica en el otoño, 29 d. de J.C. Con su bautismo en agua Jesús indicó su sumisión a hacer la voluntad de Dios. Por eso Dios lo consagró con su "espíritu santo" y lo reconoció como su hijo amado. Dios "engendró a Jesús para ser su hijo espiritual una vez más en vez de un hijo humano" (LG 38). Jesús fue ungido para ser el rey largamente prometido en el reino de Dios y para convertirse en el Mesías. De aquí que él fuera Jesucristo, o Jesús el ungido.

Murió en la estaca como redentor en la primavera, el 33 d. de J.C. Por definición la cruz es un símbolo falsamente usado para representar el cristianismo. Jesús no fue crucificado en una cruz; más bien, fue empalado en una estaca. Esta estaca es descrita como un solo poste vertical, sin cruceta.

Cuando Juan el Bautista dijo: "¡He aquí el cordero de Dios!" (Juan 1:36), él mostró el propósito secundario para el cual el Hijo de Dios vino a la tierra, es decir, para morir por los hombres pecaminosos.

---

14 Ver Metzger.
15 *The Truth Shall Make You Free*, pp. 245-46.
16 *Ibíd*, p. 249.

Resucitó inmortal al tercer día. Al tercer día, el Padre inmortal de Jesús, Jehová Dios, lo levantó de los muertos, no como un hijo humano, sino como un poderoso hijo *espiritual* e inmortal. "Por cuarenta días a partir de entonces él se materializó, como ángeles antes que él lo habían hecho, para mostrarse vivo a sus discípulos como testigos" (LG 40). Dios lo levantó a una vida celestial inmortal como una criatura espiritual gloriosa, exaltada para ser el segundo más alto después de él mismo, el Dios Altísimo.

Debe observarse que la materialización del cuerpo de Jesús después de la resurrección fue una cosa temporal. ¿Qué llegó a ser de su cuerpo físico? "No sabemos nada de lo que llegó a ser de él, excepto que no decayó ni se corrompió... Si se disolvió en gases o si está preservado en alguna parte como un gran memorial del amor de Dios... nadie sabe."[17]

Puesto que no hay resurrección del cuerpo, no puede haber una segunda venida en el sentido escriturario de ese término.

LA DOCTRINA DEL HOMBRE

Cerca del fin del sexto día de la creación, como 42.000 años después de iniciada la creación, Dios hizo al hombre a su propia imagen. El hombre recibió dominio sobre la tierra y su forma de vida, con los atributos de sabiduría, justicia, amor y poder. (Ver "La Doctrina de la Creación", presentada antes.)

EL ALMA DEL HOMBRE

El hombre es un alma. El consiste de un "cuerpo junto con un principio de vida o fuerza de vida que lo activa" (MS 349). Este es un precepto fundamental de los Testigos de Jehová. "El hombre no tiene alma dentro de él que se separe y distinga de su cuerpo humano y que pueda existir independientemente, en caso que ocurriera la disolución del cuerpo."[18] La muerte es simplemente la cesación de la existencia.

El hombre no es inmortal, no más que lo son los peces, los pájaros o los animales. Todos son "almas terrenales", con organismos de carne que son "mantenidos vivos por medio de la circulación de la sangre en sus sistemas" (MS 349). Es decir, el hombre no posee, en ningún sentido, la cualidad de inmortalidad o de incorruptibilidad. Tal enseñanza se sostiene que fue originada por Satanás en el huerto. Nótese, antes, que ni Jesucristo recibió inmor-

---

[17] Russell, 2:129.
[18] ATC 349; ver también *The Truth Shall Make You Free*, p. 75.

talidad hasta el tiempo de la resurrección. Los ángeles también son mortales y destructibles. Debe subrayarse que el cristianismo ortodoxo mantiene la doctrina de la inmortalidad inherente de las almas humanas. Génesis 2:7 declara que Dios formó al hombre del polvo de la tierra y sopló en su nariz el aliento de vida. El cuerpo, creado del polvo, es mortal y sujeto a la muerte (separación del alma del cuerpo); el alma (el soplo de vida) es inmortal, indestructible, y sin embargo, sujeta a la muerte espiritual (separación de Dios). El hombre pecó. Para que no comiera del árbol de la vida y así ganara inmortalidad del cuerpo fue expulsado del huerto del Edén (Gén. 3:22, 23).

La inmortalidad es dada como una recompensa por la fidelidad a Cristo. Sin embargo, debe notarse que solamente los 144.000 pueden recibir inmortalidad. La inmortalidad está relacionada inseparablemente con el reino de los cielos, y las criaturas de carne y sangre no pueden entrar. Las almas humanas solamente pueden morar para siempre en la tierra. (Ver "La doctrina de Salvación", abajo, subsección "Gloria Celestial para los 144.000.")

EL PECADO DE ADAN

El resultado si Adán no hubiera pecado. Si Adán no hubiera pecado él hubiera vivido en la tierra para siempre en su estado mortal. De igual manera todos sus hijos.

Sentencia de muerte y el sueño del alma. Por la desobediencia de Adán, la sentencia de muerte fue pasada a toda la raza humana. La muerte es llamada sueño del alma, la "terminación de la existencia, cesación completa de la actividad consciente, intelectual o física" de cualquier clase (MS 86). En esta conexión, note que la resurrección del cuerpo es de esta manera realmente recreación según la "memoria" de Dios, no restauración del "cuerpo original idéntico" (MS 311).

Calculando sobre la base de que una de las maneras de medir el tiempo de Dios estima "un día... como mil años" (2 Ped. 3:8), se declara que Adán realmente murió durante el día en que pecó. El murió cuando tenía 930 años de edad, en el año 309 A.N.E. (antes de nuestra era común). El literalmente dejó de existir, "sin esperanza de resurrección".[19]

La seducción de Satanás al hombre desafió a Dios. Cuando Satanás indujo al hombre a pecar, realmente él desafió a Dios.

---

19 *Things in Which It Is Impossible for God to Lie* (Brooklin: Watchtower Bible and Tract Society), pp. 177, 78.

¿Podría Jehová haber puesto sobre la tierra a un hombre que no se hubiera apartado de él? La soberanía de Dios fue impugnada, y en esta forma la vindicación de su nombre se convirtió en un punto de disputa ante el universo.

LA DOCTRINA DE LA SALVACION

"La salvación es la liberación del poder destructivo del pecado, una redención del fin último del pecado, que es muerte eterna, aniquilación" (MS 330).

EL RESCATE PAGADO POR TODO

La caída trajo muerte a todos los hombres, y la posibilidad de vida humana perfecta con todos sus derechos y perspectivas terrenales se perdió. Pero sobre la cruz Cristo hizo expiación por el pecado. Es decir, él proveyó un rescate que canceló la muerte y le dio al hombre *la oportunidad de recibir* el regalo de vida. Debe notarse que el precio del rescate fue "su vida humana derramada en sacrificio voluntario" (LG 116). El no merecía morir, pero su vida humana perfecta con todas sus perspectivas y derechos *terrenales* fue entregada a la muerte y *"no fue tomada de nuevo* por Jesús en su resurrección, porque fue resucitado una criatura espiritual divina".[20] El perdió voluntariamente su vida humana perfecta sobre la tierra y así compensó la condenación heredada por la familia de Adán. El intercambió "su existencia humana por la existencia espiritual, y al renunciar a su derecho de vivir, le aseguró al hombre una oportunidad para vivir" en el paraíso que estará en la tierra.[21] El hizo posible que la mayoría de los hombres obtuvieran la salvación.

EL RESCATE NO APROVECHA PARA TODOS

La salvación es una meta que obtendrán los que fielmente cumplen su dedicación a hacer la voluntad de Dios. Es una meta que se hace posible por la expiación de Cristo, pero está garantizada solamente para los fieles que perseveran hasta el fin. Adán es característico de los que no están incluidos entre los rescatados. El deliberadamente perdió la vida perfecta que Dios le había dado. Eva hizo lo mismo. La gente del tiempo de Noé, los que vivían en Sodoma, los hipócritas religiosos del tiempo de Jesús, y los que serán matados en Armagedón están más allá de la redención. Ellos han recibido, o

---

[20] John H. Gerstner, *The Theology of the Major Sects* (Grand Rapids: Baker, 1960), p. 165.

[21] *Ibíd.*

recibirán, una "destrucción que dura para siempre"[22], aniquilación eterna.

GLORIA CELESTIAL PARA LOS 144.000

Solamente los 144.000 participarán de la gloria celestial con Jesucristo. Todos los otros Testigos de Jehová gozarán las bendiciones de la vida en la tierra. Se dice que Dios había predestinado los "requisitos y cualidades" de la clase celestial antes de la fundación del mundo. El número también fue establecido de antemano, pero no revelado hasta que Juan escribió Apocalipsis 7:4 y 14:1-3. Esta asombrosa mala interpretación de la Escritura da exclusivamente a estos "escogidos" todos los nombres y derechos dados en la Biblia a los santos. Los 144.000 constituyen la novia, la esposa del Cordero. Ellos son la elegida, la nación santa, el sacerdocio real. Solamente ellos son ungidos con el espíritu de Dios, y son miembros del cuerpo, la iglesia. Los requisitos designados son los siguientes:

1. Deben ejercer fe en la provisión de Dios, la sangre derramada de Cristo. Eso, por supuesto, incluye el bautismo, que simboliza la dedicación. "Cristo Jesús entonces actúa como un abogado, cubriendo los pecados de los dedicados por el mérito de su sacrificio. El dedicado está *ahora* en posición de ser justificado o declarado justo por Dios, y así él tiene acceso a Dios por medio de Jesucristo. El tiene un cuerpo aceptable y el derecho a vida perfecta en la tierra, y todo esto puede ser presentado para sacrificio con Jesucristo" (LG 298, 99; cursivas añadidas).

2. "Dios ahora... hace que su fuerza activa o espíritu santo actúe sobre ellos para engendrarlos como hijos espirituales con la esperanza de vida en los cielos, y que él los reconozca como sus hijos" (LG 300). (Ver "La Doctrina de Jesucristo", antes subtitulada "Llegó a ser la Simiente Mesiánica en el Otoño, 29 d. de J. C.")

3. Ellos deben "demostrar su confiabilidad cumpliendo fielmente su dedicación hasta la muerte" (LG 301). "Si resisten a Satanás y a su mundo y mantienen su integridad hasta la muerte, tienen segura la 'corona de la vida,' inmortalidad, naturaleza divina" (LG 302).

Los apóstoles fueron los primeros miembros de este grupo.

---

[22] *From Paradise Lost to Paradise Regained*, p. 202.

PROVISION PARA LAS OTRAS OVEJAS

Las otras ovejas tienen prometida vida eterna en la tierra. Estas son las personas innumerables que ahora trabajan como Testigos de Jehová. Para ellos no hay sugestión de justificación o regeneración. Ellos deben tener fe en Jesucristo, precedida por arrepentimiento del pecado. Entonces ellos deben ser bautizados por inmersión. Este bautismo simboliza la dedicación completa y es una declaración a favor de la soberanía universal de Dios. Este "bautismo en el gran Noé" los salva ahora, y después los guardará salvos hasta el Armagedón, "con tal que... permanezcan en él, manteniendo su buena conciencia mediante la fe y el servicio leal" (NH 311). Al Testigo de Jehová nunca se le da un título claro para la salvación. Toda sugestión de seguridad es calificada por el requisito absoluto de continuidad en la fe, perseverancia, obediencia y testimonio.

De acuerdo con la enseñanza de la Torre del Vigía, uno de cuatro destinos posibles espera a la persona cuando muere: (1) puede permanecer en la condición de no-existencia a la cual la muerte lo ha precipitado (como en el caso de Adán, Caín, Judas y otros más allá de la redención); (2) puede ser "resucitado" con un "cuerpo espiritual", recibiendo de esta manera la inmortalidad, después de la cual él irá directamente al cielo a reinar allí con Cristo (como uno de los 144.000); (3) puede ser resucitado con un cuerpo físico y luego, después de haber pasado las pruebas milenarias, recibir vida eterna en la tierra renovada; o (4) puede, después de haber sido resucitado con un cuerpo físico, fracasar todavía en pasar las pruebas milenarias, y de esta manera ser aniquilado finalmente.[23]

LA DOCTRINA DE LAS COSAS VENIDERAS

Debe ser notado que el reino de Dios es *enteramente celestial.* Es un gobierno con poder soberano teocrático con el mismo Jehová como el gran Rey sempiterno. Cristo Jesús es corregente, con los 144.000 como reyes asociados. "El término también se usa para referirse al ámbito sobre el cual el gobierno del reino ejerce control" (MS 226).

PRINCIPIO DEL REINO

En 1914 el reino empezó sus operaciones por completo con el

---

[23] Hoekema, p. 295.

entronamiento de Jesucristo en los cielos. Ese año Cristo recibió su reino indestructible. Esto marcó el fin de los "tiempos señalados de las naciones",[24] y empezó el tiempo del fin de este mundo. Esto se prueba con la siguiente compilación asombrosa de pasajes bíblicos:

1. Daniel 4:16: Los "tiempos señalados de las naciones" son siete tiempos.
2. Apocalipsis 12:6, 14: Un tiempo, tiempos y la mitad de un tiempo significa tres tiempos y medio, o la mitad de siete tiempos. Tres y medio tiempos equivalen a 1.260 días (v. 6); por eso, siete tiempos serían 2.520 días.
3. Números 14:34; Ezequiel 4:6: Estos establecen la regla de Dios como un "día por un año." ¡Por tanto, 2.520 días significan 2.520 años!

En 607 a. de J.C. Jerusalén fue capturada por Babilonia, para empezar los "tiempos de las naciones". Avanzando 2.520 años desde 607 a. de J.C. nos lleva a 1914. el año en que tuvo lugar la "segunda venida" de Cristo. En ese tiempo "el diablo y sus ángeles fueron arrojados a la tierra y aconteció toda clase de problemas para la gente de la tierra".[25] ¡La Primera Guerra Mundial es prueba de esto!

LIMPIEZA DEL TEMPLO ESPIRITUAL Y JUICIO DE LAS NACIONES

En 1918 tuvieron lugar dos eventos principales:

1. Jesús entró al "templo espiritual, y empezó a limpiarlo". Esto marcó el período de juicio e inspección de los seguidores engendrados por el espíritu; es decir, los 144.000 que habían muerto. Estos estaban ahora "resucitados con cuerpos espirituales para unirse a él en el templo espiritual" (LG 203). Esta es la primera resurrección. Incluidos en esta resurrección están todos los miembros de los 144.000 que murieron después de 1918. Ellos recibieron cuerpos espirituales inmediatamente al morir, siempre que, por supuesto, ¡hubieran mantenido la integridad!

2. Empezó el juicio de las naciones. La gente que vive en el mundo está siendo dividida en "las ovejas y los cabritos" (Mat. 25:31-46). Los miembros resucitados de los 144.000 están asocia-

---

24 *From Paradise Lost to Paradise Regained*, p. 173.
25 *Ibíd*, p. 176.

58   ¿QUE CREEN LAS SECTAS?

dos con Cristo como jueces. La base del juicio es la actitud individual
hacia los Testigos de Jehová y su mensaje.

LA BATALLA DE ARMAGEDON

La batalla de Armagedón es el siguiente gran evento en la historia. Es inminente. Esta es "la batalla de Jehová el Dios Todopoderoso en la cual Jesucristo, su oficial ejecutivo, dirige las fuerzas
invisibles de justicia para destruir a Satanás y a su organización
demoníaca y humana, eliminando maldad del universo y vindicando
la soberanía universal de Jehová" MS 24). La "religión organizada",
la gran ramera de Apocalipsis 17:1-3, dirigirá a todas las naciones
como parte de la organización de Satanás en el cielo y en la tierra.
La bestia de Apocalipsis 17:3 es las Naciones Unidas. Era (como la
Liga de las Naciones), no es (durante la Segunda Guerra Mundial), y
ha ascendido (como la ONU) (ver Apoc. 17:8).

Armagedón no significa un lugar literal. Megiddo es simbólico.
"El Armagedón se refiere a la guerra de Dios por la cual él destruye
el mundo en el fin cumplido."[26] Se ha dicho que más de "dos mil
millones de personas morirán".[27] Satanás será estrellado en tierra y
arrojado al abismo por 1.000 años (Apoc. 20:1-3). Este abismo es
un "estado de inactividad semejante a la muerte", como fue el estado
de Jesús mismo cuando él murió. ¡Así se cumple Génesis 3:15!

EL MILENIO

Los sobrevivientes de Armagedón entrarán al milenio en la tierra. La nueva tierra (nueva sociedad humana bajo nuevos arreglos
sociales) será gobernada por los Nuevos Cielos (Jesucristo y los
144.000). "No habrá mal, ni enfermedad, ni dolores ni penas... sino
paz duradera y unidad: una adoración de Jehová" (LG 26). El destino de cada humano fiel será una juventud vigorosa y enérgica. Los
sobrevivientes de Armagedón se casarán y tendrán hijos. Cuando de
acuerdo con el mandato divino la tierra esté llena a su capacidad, "la
gente dejará de tener hijos".[28] Cada hijo tendrá completa oportunidad de vida mediante Cristo el rey, pero "cualquiera que no desee
servir a Jehová será ejecutado" (LG 269).

---

[26] *From Paradise Lost to Paradise Regained*, p. 204.
[27] *You May Survive Armageddon into God's New World* (Brooklin:Watchtower Bible and
Tract Society, 1955).
[28] *From Paradise Lost to Paradise Regained*, p. 225.

DOS RESURRECCIONES

Habrá dos resurrecciones temprano en el milenio. Las primeras personas en resucitar a la vida sobre la tierra con cuerpos físicos serán los Testigos de Jehová fieles de los tiempos precristianos. Esos son los fieles del Antiguo Testamente, como Enoc, Noé, Abraham, David, y así por el estilo. Ellos se convertirán en hijos directos de Cristo el rey y serán príncipes sobre la tierra. Incluidos con ellos estarán "otras ovejas" que pueden haber muerto antes de Armagedón.

Después será la resurrección de los que "quisieron hacer bien, pero murieron sin oportunidad de escuchar, o aprender... Gente... sincera... y decente".[29] A ellos se les enseñará la verdad y serán juzgados de acuerdo con lo que hagan con ella. Si ellos obedecen los mandatos de Dios, obtendrán vida; si no, irán a una muerte sempiterna, como sucedió con Adán. *Let God Be Tue* (Sea Dios veraz) afirma optimistamente que "las grandes masas de raza humana encontrarán vida aquí en la tierra en medio de condiciones paradisíacas" (LG 279).

Es digna de notarse la enseñanza de que el milenio es un "día de prueba de 1.000 años", o juicio. "Todos los habitantes de la tierra en el nuevo mundo de justicia" serán juzgados, pero no serán juzgados sobre la base de sus hechos pasados, "sino sobre la base de lo que sus obras serán durante el día del juicio" (LG 293).

LA DESATADURA DE SATANAS Y EL JUICIO FINAL

La prueba o juicio final vendrá cuando Satanás, el diablo, sea desatado (Apöc. 20:7-9). Con engaños, él ganará muchos seguidores y dirigirá una rebelión final contra Jehová. Cristo el rey se hará a un lado "para que el Juez Supremo, Jehová Dios, haga la prueba (NH 353). Todos los rebeldes, con Satanás y sus demonios, serán arrojados en el lago de fuego y azufre, Gehenna. Es decir, "serán desintegrados, aniquilados, como si nunca hubieran existido antes" (NH 355).

El asunto de la soberanía universal de Jehová se habrá arreglado completamente, para siempre.

DESTINO FINAL DE LOS HOMBRES

Los 144.000, habiendo sido resucitados en cuerpos espirituales, permanecerán en el cielo por la eternidad. Ellos son "coherederos y gobernantes" juntamente con Cristo en la teocracia de Jehová. Las "otras ovejas" permanecerán en la tierra, emprendiendo "una

---

29 *Ibíd*, p. 229.

eternidad de felicidad paradisíaca en la eterna morada de la tierra nueva" (NH 360). "La destrucción absoluta e interminable" es el destino final de todos los demás.

3

IGLESIA DE LA UNIFICACION DE SUN MYUNG MOON

"Ahora tenemos los medios para remediar todos los problemas humanos de la actualidad, exaltar toda alma humana y traer el reino de Dios al alcance de todo hombre."[1] Este reclamo que incluye todo está basado en "nuevas revelaciones de Dios", que fueron dadas al reverendo Sun Myung Moon, fundador de la Iglesia de la Unificación (La Asociación del Espíritu Santo para la Unificación del Cristianismo Mundial, Inc.). En pocas palabras, esta nueva interpretación de la Biblia enseña que Dios creó el mundo de bondad para que durara para siempre, pero Satanás sedujo a Eva y sobrevino la caída del hombre, y el mundo bueno de Dios terminó abruptamente. Desde entonces, Dios ha estado tratando de rectificar su creación, pero todavía no ha triunfado. El ha obrado a través de hombres escogidos, sus campeones. Todos fueron hombres abnegados, pero todos fracasaron en encontrar aceptación de los hombres. Abel, Noé, Abraham, Jacob, Moisés, sí, y Jesucristo, todos fracasaron. "La muerte de Jesús no fue su voluntad ni su culpa... [Fue] asesinato, y su cuerpo fue llevado por Satanás" (CC 104). Habiendo fracasado como lo hizo, Jesús vendrá de nuevo como Señor del Segundo Advenimiento. Al principio él sufrirá y será rechazado, pero él encontrará a su esposa escogida; llegarán a ser los Padres Verdaderos, y el cielo y la tierra literalmente serán alcanzados.

EL FUNDADOR

Sun Myung Moon nació en Corea el 6 de junio de 1920. Con los miembros de su familia fue "convertido" al cristianismo a la edad de diez años. La mañana de resurrección de 1936, mientras estaba en profunda oración, tuvo una visión. Jesús se le apareció y le dijo que había sido escogido para completar la misión que él (Jesús)

---

[1] Sun Myung Moon, *Christianity in Crisis* (Washington, D. C.: Holy Spirit Association for the Unification of World Christianity, 1974), p. ix (citado en el texto o notas como CC).

había empezado dos mil años antes. Dios, parecía, estaba solitario y anhelaba la comunión con el hombre.

Para 1944 había logrado seguidores en Corea del Norte. Sin embargo, era tratado muy mal por el régimen comunista, y aparentemente fue rescatado de la ejecución por las fuerzas de las Naciones Unidas en 1950. Más tarde ese año él empezó a enseñar su Principio Divino. En 1954 él estableció oficialmente su nueva iglesia, llamándola La Asociación del Espíritu Santo para la Unificación del Cristianismo Mundial, o simplemente, Iglesia de la Unificación. Hay sombras sobre ciertas supuestas prácticas sexuales en los primeros días de la iglesia, como las hay sobre los propios asuntos maritales de Moon. Sin embargo, en 1960 él se casó con su actual esposa, quien es su cuarta o segunda esposa, según cuál informe uno crea.

"La unión entre Sun Myung Moon y Hak Ja Han es llamada 'La Boda del Cordero'. Moon es llamado 'el Padre del Universo'. Consecuentemente, sus hijos son considerados impecables. Juntos, los padres y los hijos están proclamando la próxima perfección de la humanidad."[2]

FUENTES DE AUTORIDAD

LA SANTA BIBLIA

La Santa Biblia es una de las fuentes de autoridad de la Iglesia de la Unificación, pero la Biblia está sujeta a nueva interpretación, basada sobre la revelación dada al señor Moon.

"EL PRINCIPIO DIVINO"

El Principio Divino[3] es "una serie de principios basados en las normas que el reverendo Moon encontró en la Biblia durante sus años de búsqueda" (CC 120). Es un pesado volumen traducido del coreano al inglés, castellano y otros idiomas. En él están las doctrinas básicas de la Iglesia de la Unificación. Siendo considerado sólo una parte de la nueva verdad, será ampliado conforme las esperadas "partes más profundas de la verdad sean reveladas continuamente". La introducción general de este libro declara que:

> en la plenitud del tiempo, Dios ha enviado a su mensajero para resolver los asuntos fundamentales de la vida y del universo. Su nombre es Sun Myung Moon. Por muchas décadas

---

[2] J. Isamu Yamamoto, *The Puppet Master* (Downers Grove, Ill.: Intervasity, 1977), p. 21.

[3] Sun Myung Moon, *The Divine Principle* (Washington, D. C.: Holy Spirit Association for the Unification of World Christianity, 1973) (citado en el texto o notas como PD).

él vagó en un mundo espiritual vasto en busca de la verdad final. En su camino él soportó sufrimientos inimaginables por nadie en la historia humana... El peleó solo con miríadas de fuerzas satánicas, en los mundos espiritual y físico, y finalmente triunfó sobre todas ellas. En esta manera, él entró en contacto con muchos santos en el paraíso y con Jesús, y así trajo a la luz todos los secretos celestiales a través de su comunión con Dios. (PD 16)

LA DOCTRINA DE DIOS Y DEL HOMBRE

"Dios mismo me dijo que la verdad más básica y central de su universo es que *Dios es el Padre y nosotros somos sus hijos*" (CC 9). Dios es, por definición, el creador de todas las cosas. El es realidad absoluta, autoexistente eternamente, trascendente del tiempo y el espacio. Sin embargo, "siendo la primera causa de toda la creación, [Dios] también existe por una relación recíproca entre las características duales de la positividad y la negatividad" (PD 24). De esta forma, antes de crear el universo, Dios estaba incompleto. El existía solamente como el sujeto interno masculino, y él creó el universo como su objeto externo femenino. Esta teoría está relacionada obviamente con el libro *I Ching*, de la religión taoísta. En él el fundamento básico del universo es la constante interacción entre el Yang y el Ying (positividad y negatividad).

De esto viene el principio de que Dios no puede existir sin el hombre, así como el hombre no puede existir sin Dios. No puede haber amor sin un amante y un amado. Hasta Dios necesita "compartir, dar y tomar de alguien en una relación recíproca... Por eso es que Dios creó su objeto, el hombre" (CC 4). Además, "Dios y el hombre son uno. El hombre es Dios encarnado". Como tal, el hombre "es tan importante en valor como Dios mismo" (CC 5).

De esta manera es que el hombre fue creado a la imagen de Dios para llenar esta necesidad en Dios. Y esta relación es cumplida cuando el hombre vive de acuerdo con la voluntad de Dios, en unión con Dios. Pero conforme Dios encuentra su gozo en darse a sí mismo en y por su creación, así él dio la norma para el universo y para el hombre. *Nosotros* debemos vivir nuestra vida para otros. Así se completa el círculo. Y "sin esta acción de dar y tomar entre sujeto y objeto... nada perdura por la eternidad" (CC 16). Además, el cielo (el reino de Dios) estará en la tierra cuando haya un envolvimiento de Dios en toda relación humana. (Ver "La Doctrina de la Salvación y la Doctrina del reino de Dios en la Tierra", más abajo.)

LA DOCTRINA DE LA CAIDA DEL HOMBRE

Dios ha derramado su alma en la creación de su obra maestra, el hombre. El dio "100% de sí mismo". El círculo debía ser completado, cada uno dando de sí mismo para el otro. De hecho, nunca fue completado. Eva se convirtió en la primera víctima de Satanás; luego Adán fue engañado y Dios se quedó solo en el jardín del Edén. ¿Cómo sucedió?

RESENTIMIENTO DE LUCIFER HACIA DIOS Y SEDUCCION DE EVA

Lucifer era un arcángel, capaz de "monopolizar el amor de Dios como mediador entre Dios y el mundo angélico" (PD 78). Cuando Dios amó a Adán y a Eva, Lucifer lo resintió. El sedujo a Eva, y por el acto de relación sexual ella "recibió ciertos elementos de Lucifer". Eva, esperando librarse de esos elementos, sedujo a Adán. Sin embargo, ella meramente se los pasó a él y así fueron trasmitidos a todos sus descendientes. Los elementos eran temor, que venía de una conciencia culpable, y sabiduría, que era inmadura.

ELEMENTOS FISICOS Y ESPIRITUALES DE LA CAIDA

La caída fue *espiritual*, a través de la relación de sangre entre el ángel y Eva, y *física*, a través de la relación de sangre entre Eva y Adán. En la caída espiritual Eva se sometió a Satanás, y "recibió los elementos de temor (de una conciencia culpable), y sabiduría que la capacitó para percibir que su futuro esposo... era Adán" (PD 79). La caída física fue causada por la relación entre Adán y Eva centrada en Satanás. De esta manera, los "elementos" fueron heredados por Adán y pasados a sus descendientes. En vez del buen linaje de Dios, se multiplicó el mal linaje de Satanás. Esto, en realidad, es lo que Dios ha estado procurando rectificar desde entonces. Y lo hará, según parece, mediante los padres verdaderos, que tendrán hijos impecables.

La obra de Dios ha sido de restauración. Al buscar destruir el mundo del mal y recrear el mundo de bondad, él necesita herramientas. "Las religiones del mundo han servido como esas herramientas para Dios." El cristianismo es la "religión más progresiva porque enseña amor sacrificado y el deber en la forma suprema" (CC 18). El Señor del Segundo Advenimiento, que vendrá como figura central del cristianismo, cumplirá el propósito final de todas las religiones.

LA DOCTRINA DEL SALVADOR JESUCRISTO

Las preguntas básicas son: ¿Quién era Jesucristo? ¿Qué esperaba cumplir en la tierra? ¿Triunfó? ¿Vendrá de nuevo a la tierra? ¿Es el reverendo Moon el Señor del Segundo Advenimiento?

IDENTIDAD DE JESUCRISTO

¿Quién era Jesucristo? En *El Principio Divino*, la respuesta no es clara. Se afirma que él era la encarnación del Verbo, y que él muy bien puede ser llamado el creador. Eso significa, sin embargo, que él era un hombre que había cumplido el propósito de la creación; "no significa que él fuera el creador mismo" (PD 211). "Como hombre [Jesús] no era diferente de nosotros, excepto por el hecho de que él era sin pecado original" (PD 212).

Al presente él está en el mundo espiritual como un hombre-divino-espiritual con sus discípulos, pero él ha obtenido un nivel de ser más elevado que ellos. "El hecho de que el pidió la ayuda de Dios, de que fue tentado por Satanás, y que finalmente fue crucificado por la fuerza maligna" (PD 212) aclara que Jesús no era Dios mismo. "El fue el único que vivió el ideal de Dios a su más plena realización" (CC 12). Con esto en mente, debe notarse que "un hombre perfeccionado, a la luz del propósito de la creación, debe llegar a ser perfecto (Mat. 5:48); de esta manera, él es tan valioso como si poseyera la deidad. Puesto que Dios es eterno, el hombre, que fue creado como su objeto substancial, debe también llegar a ser eterno después de su perfección" (PD 209). "Jesús era un hombre que había alcanzado el propósito de la creación" (PD 290). "A la luz de su deidad alcanzada, él bien puede ser llamado Dios. No obstante, de ninguna manera él puede ser llamado Dios mismoi" (PD 210-11).

LA RAZON DE CRISTO PARA VENIR A LA TIERRA

¿Por qué vino a la tierra? El vino, como hombre, para ser el verdadero padre de la humanidad. El vino como Mesías, para salvar al hombre caído. Esto significa que él vino para restaurar a los hombres como ciudadanos del reino celestial. Debe recordarse que Dios creó al hombre para comunión. El hombre iba a ser el medio de colmar a Dios en la relación sujeto-objeto. El primer Adán había fracasado. Jesús era el segundo Adán. El debía haber encontrado su esposa escogida, la segunda Eva, y "engendrar sobre esta tierra sus propios hijos impecables. De esta manera el segundo Adán y la segunda Eva llegarían a ser los verdaderos padres de la humanidad, y toda la humanidad hubiera encontrado vida injertándose a ellos" (CC 28).

EXITO DE SU MISION EN LA TIERRA

¿Tuvo éxito? No. A pesar del hecho de que el "campo estaba preparado" en Israel, él no encontró aceptación como Mesías. El no vino a morir en la cruz. Eso no estaba en la voluntad predestinadora de Dios. De hecho, Cristo "oró desesperadamente" que no ocurriera. El murió "una muerte renuente" debido a la incredulidad del pueblo judío. "Su cuerpo fue invadido por Satanás y él fue matado" (PD 148). El fracasó como otros campeones habían fracasado.

Debe mencionarse aquí el triste papel hecho por Juan el Bautista en este fracaso. El, el precursor especial, iba a "cumplir la misión que Elías había dejado incompleta en la tierra" (PD 162). El sabía que Jesús era el Mesías, pero empezó a dudar, y luego a ser incrédulo. Su rechazamiento de Jesús como Mesías influyó en que el pueblo judío negara también a Jesús.

Sin embargo, la cruz no fue toda en vano. Sin ella la historia cristiana no hubiera existido. "Nunca podemos negar la magnitud de la gracia de la redención por la cruz... [pero] la cruz ha sido incapaz de quitar nuestro pecado original y restaurarnos como hombres a la naturaleza original que no puede pecar" (PD 142). No obstante, mediante la fe en Jesucristo uno experimenta "renacimiento espiritual". Es decir, uno es salvo "espiritualmente". La explicación se encuentra en esta cita de *El Principio Divino*:

> Como está escrito (1 Cor. 12:3) cuando llegamos a creer en Jesús como Salvador por la inspiración del Espíritu Santo, recibimos el amor de los Verdaderos Padres espirituales, que viene de la acción de dar y tomar entre Jesús, el Verdadero Padre espiritual, y el Espíritu Santo, la Verdadera Madre espiritual. Entonces, mediante este amor, se infunde una nueva vida a los que creen en Cristo, y cada uno es renacido a un nuevo ser espiritual. Esto es llamado el "renacimiento espiritual" (PD 216).

SU PROXIMO REGRESO COMO SEÑOR DEL SEGUNDO ADVENIMIENTO

¿Vendrá a la tierra por segunda vez? Sí, vendrá de nuevo como el tercer Adán, el Señor del Segundo Advenimiento. El vendrá "en la carne", como lo hizo la primera vez. Es decir, él no vendrá en nubes de gloria. Al principio él sufrirá muchas cosas y será rechazado. Algunos "santos" lo reconocerán y "el reino de los cielos se realizará primero en sus corazones". Con su multiplicación, "el reino de Dios aparecerá gradualmente" (PD 506). Esto significa que él llegará a ser el Verdadero Padre, y que por tanto él traerá el reino de Dios a la tierra.

Sobre la base de Apocalipsis 7:2-4 y 14:1, se ha revelado al señor Moon que "Cristo nacerá en un país del oriente, es decir, de donde nace el sol, y que pondrá un sello en las frentes de los 144.000" (PD 520). La nación es Corea. El pueblo coreano se convertirá en el tercer Israel, "escogido de Dios". (Ver PD 520-32.)

SUN MYUN MOON COMO SEÑOR DEL SEGUNDO ADVENIMIENTO

¿Es Sun Myung Moon el Señor del Segundo Advenimiento? Desde muchos ángulos parecería que el llena el cuadro. Su nacimiento, sus revelaciones, su esposa y su familia, su Familia Unificada (la Iglesia de la Unificación), el ser aclamado como "el Padre Perfecto" sugieren una respuesta positiva a la pregunta. El es conocido abiertamente como el Maestro, o Padre. "El y su esposa son los Padres Perfectos que traerán salvación al mundo."[4] En su libro *The Puppet Master* (El titiritero), J. Isamu Yamamoto cita del *120-Day Training Manual* (Manual de entrenamiento de 120 días) de la Iglesia de la Unificación como sigue:

> Amando al Mesías [Moon] y obedeciendo y creyendo al Mesías más que a mi propia vida, y haciendo con gran fe lo que él requiere, ahora podemos comprender el reino de Dios sobre la tierra y en el cielo... El Padre [Moon] es impecable, la Madre [la esposa de Moon] es impecable, y sus hijos son impecables. Esta es llamada la familia del Mesías; esta fue establecida en 1967, el 31 de diciembre... Mediante el Padre [Moon] y la Madre [su esposa] podemos nacer de nuevo impecablemente... Al Padre les es dada autoridad aquí en la tierra por Dios para perdonar pecados.[5]

Aparentemente el reclamo de mesiazgo no es hecho públicamente. Sin embargo, las "enseñanzas internas" apoyan la creencia de que Moon es el mesías, el Señor del Segundo Advenimiento. El señor Yamamoto cita además del mismo manual: "el Padre es Dios visible."[6]

Podría añadirse que tal cumplimiento de la segunda venida de Cristo en el señor Moon sigue un patrón. Hay el principio aceptado de que "los hombres-espíritus... deben venir a la tierra de nuevo y cumplir la responsabilidad que dejaron incompleta en su vida física en la tierra por medio de los cuerpos físicos de los hombres terre-

---

4 Yamamoto, p. 65.
5 *Ibíd.*, p. 54.
6 *Ibíd.*, p. 87.

nales" (PD 181). El regreso de Elías en Juan el Bautista es citado
como prueba de esto.

LA DOCTRINA DE LA SALVACION, Y LA DOCTRINA DEL REINO DE DIOS EN LA TIERRA

SALVACION

La salvación, como la maneja *El Principio Divino*, es un tema
complejo. Los sucesos en el jardín del Edén hicieron que el hombre
cayera en dos maneras: espiritual y físicamente. La obra de redención de Cristo sobre la cruz efectuó la "salvación espiritual" para el
hombre, pero no efectuó su salvación física. El pecado original per-
maneció en todos los hombres; debe ser aniquilado para que el reino
de Dios sea establecido sobre la tierra. En *El Principio Divino* se
declara que "si Jesús no hubiera sido crucificado hubiera cumplido la
providencia de salvación, tanto espiritual como físicamente. El
hubiera establecido el reino de los cielos en la tierra, que duraría
para siempre" (PD 147). La salvación de espíritu y cuerpo es llamada también la "providencia de restauración". Pero Cristo fracasó, y
"hasta los santos redimidos por la cruz han tenido que continuar
luchando contra el pecado original" (PD 149).

La venida del Cristo como Señor del segundo advenimiento va a
ser con el propósito de completar su obra incompleta. El debe venir
como el padre verdadero, y cuando el "padre verdadero y la madre
verdadera lleguen a ser uno, y se amen uno al otro, Dios descenderá
y será uno con ellos en la tierra."[7] Puesto que Dios es solamente
espiritual, él crea una persona central, o personas, mediante las
cuales la humanidad pueda recibir el renacimiento. Los padres verdaderos dan vida espiritual, y esto es efectuado actualmente "aman-
do al Mesías [Moon} y obedeciendo y creyendo en el Mesías más que
a mi propia vida, y haciendo lo que él requiere con gran fe".[8]

El "hacer lo que él requiere" está relacionado con la restauración mediante la indemnización. Este es un asunto complejo "revelado" en general en *El Principio Divino*. "La providencia de restauración no puede ser cumplida por el poder de Dios solo, sino que
debe ser cumplida por la acción conjunta del hombre con Dios" (PD
283). Esto quiere decir *obras* y explica de alguna manera las horas
pasadas por los "moonis" cuando venden flores en lugares públicos.
Los testimonios hablan de días que principian a las 5:00 de la
mañana y raramente terminan antes de medianoche.

---

[7] Frederick Sontag, *Sun Myung Moon* (Nashville, Tenn.: Abingdon, 1977), p. 119.
[8] Yamamoto, p. 54. Citado del *120-Day Training Manual*, p. 328.

Según *The Christian Reader*, (El lector cristiano) "en 1977 la iglesia tuvo un ingreso estimado de 24.7 millones de dólares. La iglesia posee una propiedad que vale 20 millones de dólares en el estado de Nueva York, la mitad de la cual está hipotecada". Se cita a Neil Salomen, presidente de la Iglesia de la Unificación, diciendo: "Los miembros que venden dulces y flores ganan un promedio de 80 dólares por día de ventas, y esta es la fuente principal de ingreso de la iglesia."[9]

Además, "debemos establecer primero armonía directa con Dios en espíritu a través de la oración ferviente y enseguida debemos entender la verdad por medio de la lectura correcta de la Biblia" (PD 152). Este último punto puede explicar las conferencias públicas y privadas, aparentemente interminables, a las que están sujetos los seguidores jóvenes.

LA RESURRECCION

Se enseña que los cuerpos son solamente moradas temporales de los espíritus. El cuerpo humano, una vez que se corrompe y descompone, no puede ser resucitado en su estado original. Además, "no es necesario que el espíritu del hombre recobre su carne cuando hay un mundo espiritual vasto donde se supone que irá y vivirá para siempre" (PD 170).

> Por eso la resurrección significa los fenómenos que ocurren en el proceso de la restauración del hombrre, de acuerdo con la providencia de restauración, desde el estado de haber caído bajo el demonismo satánico, hasta el dominio directo de Dios. Consecuentemente, cuando nos arrepentimos de nuestros pecados, haciéndonos mejores y mejores, día tras día, nos estamos acercando a la resurrección. (PD 170).

En suma, no hay resurrección física. El Jesús resucitado no era el Jesús que había vivido con sus discípulos. El era un ser trascendente del tiempo y el espacio. El había entregado su cuerpo físico como un sacrificio.

Por medios tortuosos se explica que "los hombres espirituales que pasaron al mundo espiritual sin haberse perfeccionado... deben venir de nuevo a la tierra y cumplir la responsabilidad que dejaron incompleta en su vida física en la tierra a través de los cuerpos físicos de hombres terrenales, por medio de cooperar con santos terrenales y ayudarlos a cumplir la misma misión" (PD 181). Juan el Bautista y Elías "cooperaron" para llenar la misión que Elías dejó incompleta.

---

9 En *The Christian Reader*, septiembre-octubre 1978, p. 34.

LA ENTRADA EN EL REINO DE LOS CIELOS

Hay una jerarquía elaborada de logros por la cual los hombres conseguirán entrada al reino de los cielos en la tierra. Los hombres caídos deben ser elevados a una relación apropiada con Dios por la providencia de la restauración. Esta "perfección" debe ser cumplida mediante tres etapas de crecimiento ordenadas: la etapa del espíritu-modelo, la etapa del espíritu-vida y la etapa del espíritu-divino. Hasta el tiempo de Jesús los hombres alcanzaron la etapa del espíritu-modelo después de la muerte habiendo guardado la ley. Desde la cruz, los hombres obtuvieron la etapa espíritu-vida (y van al paraíso) por la fe en el evangelio (PD 175). Durante el tiempo del Señor del segundo advenimiento, "hombres espirituales de esta era pueden alcanzar la etapa del espíritu-divino de la perfecta restauración por medio de creer y servir al Señor del segundo advenimiento" (PD 175).

Independientemente de la posición (etapa) de uno en el mundo espiritual, uno puede levantar su nivel espiritual intercomunicándose con hombres en la tierra. Debe haber un dar y recibir activo entre el espíritu y el cuerpo para producir un cumplimiento intermedio y final; es decir, para que la etapa del espíritu-divino pueda ser obtenida y alcanzado el reino de los cielos. "El propósito final de la providencia de restauración de Dios es salvar a toda la humanidad" (PD 190). El infierno es una condición temporal y está en el mundo. El paraíso es igualmente un lugar de morada temporal habitado por hombres de la etapa del espíritu-vida mientras esperan la apertura del reino de los cielos. Ese reino todavía está vacío.

EL REINO DE LOS CIELOS EN LA TIERRA

En los escritos de Moon se dice mucho acerca del reino de los cielos, o del reino de Dios, sobre la tierra. Debió haber sido establecido por Jesús cuando vino la primera vez. Como hemos notado, él fracasó, pero triunfará cuando venga de nuevo. Entonces, los hombres vivirán en unión y comunión con Dios, el padre verdadero. Dios estará viviendo para los hombres y los hombres para Dios. Habrá un envolvimiento de Dios en toda relación. El llamado Fundamento de Cuatro Posiciones: Dios, esposo, esposa, descendencia, en relación perfecta de dar y recibir, serán la base por la cual el poder de Dios será canalizado a toda la creación.

Se cree que el matrimonio es esencial para esta salvación. Solamente el varón y la mujer juntos pueden representar a Dios totalmente. Por eso, en la Iglesia de la Unificación se aboga por el matrimonio. "En febrero de 1975 Moon casó 1.800 parejas en

Seúl, Corea, de veinticinco países."[10] "La formación de las parejas fue hecha por el maestro [Moon] y muchas de las parejas apenas se conocían o se habían visto antes."[11]

Otra faceta que se añade a esto es la revelación a Moon que el Espíritu Santo es mujer. "Ella vino como la madre verdadera, es decir, la segunda Eva" (PD 215). "Ella también limpia los pecados de la gente para restaurarla, indemnizando así el pecado cometido por Eva" (PD 215).

Como se hizo notar antes, la obtención de un lugar en el reino parecería estar garantizado para toda la humanidad. Será un mundo (en la tierra) en el que los mandatos de Dios serán comunicados a todos sus hijos por medio de los padres verdaderos, y todos obrarán hacia un propósito.

Los padres verdaderos tienen un papel significativo en esto. Frecuentemente se señala que Jesús vendrá como el tercer Adán (Señor del Segundo Advenimiento). El tomará una esposa. La cena de las bodas del cordero tendrá lugar. Toda la humanidad encontrará vida siendo "injertado" en su familia.

El señor y la señora Moon ahora son llamados los padres verdaderos. Ellos y sus hijos son impecables y son el principio del reino de los cielos en la tierra.

La tierra estará poblada por seres de espíritu divino viviendo en perfecta armonía con Dios. De esta manera, en el dar y tomar entre sujeto y objeto se mantendrá la relación perfecta. Dios estará completamente realizado en su creación.

> Al hablar en la sesión de apertura de su pródiga Asamblea de Religiones Mundiales, Sun Myung Moon, líder de la Iglesia de la Unificación, declaró ser él mismo el nuevo Mesías de la humanidad.
>
> El mundo necesita encontrar su "padre verdadero", dijo Moon, para liberarse de la dominación de Satanás. "Esta persona es el Mesías. Para ayudar a cumplir este mismo propósito yo he sido llamado por Dios... He sufrido persecución y confrontado la muerte con un solo propósito en mente, para que pueda vivir con el corazón de los padres verdaderos para amar a las razas de todos los colores en el mundo..."
>
> Aunque la Iglesia de la Unificación ha enseñado el mesiazgo de Moon por implicación, Moon nunca lo había proclamado antes tan abiertamente.[12]

---

10 Yamamoto, p. 55.
11 Sontag, p. 167.
12 Revista *Moody*, Octubre 1990, p. 94.

4

IGLESIA MUNDIAL DE DIOS
DE HERBERT W. ARMSTRONG

La Iglesia Mundial de Dios debe su principio y continuación a su fundador, Herbert W. Armstrong y a su hijo, Gardner Ted Armstrong. Nacido en 1892, el interés particular en la Biblia de Herbert W. Armstrong empezó en 1924. Una dama vecina había persuadido a la señora Armstrong a guardar el sábado. Herbert W. fue motivado a un estudio frenético para probar el error de ella. Esta experiencia lo inició como predicador con una variedad de grupos eclesiásticos. Finalmente, en enero de 1934 salió a la existencia la Iglesia Radial de Dios. Esta se convirtió en la Iglesia Mundial de Dios. El sorprendente crecimiento ha sido fomentado por una intensa venta a través de publicaciones, radio y televisión. Se atribuye unas quinientas congregaciones locales con una membresía representada por 75.000. "El Mundo de Mañana", el programa de televisión de la iglesia, reclama una audiencia de 30 millones. Radio programas por más de trecientas estaciones alcanzan millones de personas adicionales. Financieramente, la "fabulosa entrada" se informa como de 75 millones de dólares al año. La circulación de la revista mensual de la iglesia, *La Pura Verdad* (enviada sin costo a todos los que la solicitan) se aproxima a los dos millones. Se publica en cinco idiomas en 187 países. El curso por correspondencia del Colegio Ambassador está disponible sobre la misma base gratuita.

Gardner Ted Armstrong fue el "orador pico de oro" por varios años en radio y televisión. En 1972 Herbert W. "sacó de un tirón" a Gardner Ted del aire y lo mandó al exilio. No se dieron explicaciones. Más tarde, los cercanos informaron que el hijo era culpable de adulterio. Gardner Ted había sido presidente de la iglesia y del Colegio Ambassador, propiedad de la iglesia. Un tiempo después fue reinstalado, pero de nuevo fue excomulgado por su padre en junio de 1978. Aparentemente esto fue definitivo.

El hijo despedido formó una nueva iglesia, la Iglesia de Dios Internacional, aparentemente esperando reunir a los disidentes del dominio de su padre. Los medios masivos de comunicación sugieren que el factor principal en el rompimiento fue una lucha por el poder, con una crisis financiera que contribuyó a una separación mayor. No ha habido todavía indicios de deserción significativa hacia la nueva iglesia.

La Iglesia Mundial de Dios (armstrongismo) no tiene igual como ejemplo de un eclecticismo extremo aparejado con un vocinglero reclamo de originalidad. "Las profecías y misterios de Dios, sellados hasta ahora, son revelados hoy a aquellos a los que Dios ha escogido para llevar su último mensaje al mundo como testigo."[1] Solamente hay una verdadera iglesia de Dios. "Todas las otras son falsificaciones."[2] Sin embargo, es claramente observable que las doctrinas básicas de la Iglesia Mundial de Dios son similares a las de los Testigos de Jehová, a las del mormonismo y a las de otros, y ciertamente el Anglo-Israelismo no es extraño a Armstrong.

La teoría básica del Anglo-Israelismo es que los países anglosajones, Bretaña y su antiguo imperio (incluyendo los Estados Unidos), son las diez tribus perdidas de Israel. En resumen nótense estos puntos:

1. La promesa a Abraham fue que él sería el padre de muchas naciones, de las cuales los judíos eran solamente una.

2. Dios hizo un pacto "incondicional e irrompible" con David. El trono de David sería establecido para siempre (2 Sam. 7:13). Este trono existe hoy.

3. Israel perdió su identidad en 721 a. de J. C., cuando su gente fue llevada cautiva a Asiria y llegó a ser conocida como "las diez tribus perdidas".

4. Efraín, que de acuerdo con la profecía de Jacob iba a convertirse en multitud de naciones (un *commonwealth*), es la Gran Bretaña.

5. Manasés es los Estados Unidos.[3]

Además está la fantasía de que la Piedra Escocesa de Scone (que está colocada bajo el trono en la abadía de Westminster) es en realidad la piedra usada por Jacob como almohada en Betel. Fue lle-

---

[1] Herbert W. Armstrong, *The Book of Revelation Revealed at Last* (Pasadena, Calif.: Ambassador College Press, 1959), p. 4.

[2] Herman L. Hoeh, *A True History of the True Church* (Pasadena, Calif.: Ambassador College Press, 1959), p. 28.

[3] Herbert W. Armstrong, *The United States and the British Commonwealth in Prophecy* (Pasadena, Calif.: Ambassador College Press, 1954).

vada por el profeta Jeremías a Bretaña cuando él llevó a la hija de
Sedequías a Irlanda. De esta manera Elizabeth II es la reina de Israel.
Los sajones (Isaac-son [hijo de Isaac]), o británicos (*british*, siendo
brit la palabra hebrea para "pacto", e *ish* que significa "hombre"),
son el pueblo del pacto.

En la Iglesia Mundial de Dios la única fuente de autoridad
reconocida es la Biblia. La única interpretación verdadera es la de la
Iglesia Mundial de Dios.

LA DOCTRINA DE DIOS

Dios es el creador, el iniciador, el que nos hizo tener vida y por
eso es llamado nuestro Padre.[4] Sin embargo, declarando que la doctrina de la Trinidad es pagana y falsa, la Iglesia Mundial de Dios hace
hincapié en que "Dios es una familia, un reino, NO una trinidad limitada".[5] Además, "en el tiempo presente solamente hay dos seres en
la familia Dios. 1) Dios el Padre, Padre de Jesucristo, 2) el Dios de
Abraham, de Isaac y de Jacob, el que se convirtió en Jesucristo, Dios
el Hijo".[6] Sin embargo, sobre la base de que Dios se está repro-
duciendo a sí mismo, los hombres son realmente engendrados (no
nacidos) como hijos en la conversión. Al crecer espiritualmente ellos
serán "nacidos de Dios" al tiempo de la resurrección, porque "el
hombre fue creado para llegar a ser dios literalmente".[7] Y "algún día
seremos... divinos como él es divino".[8] Para acentuar más esto, está
escrito que nosotros en realidad "generaremos vida eterna intrínseca-
mente dentro de nosotros mismos" y "asesoraremos y aconsejare-
mos a nuestro Padre-Creador".[9] Debe notarse que esto participa de
la doctrina mormona, pero parece ir a un extremo mayor.

LA DOCTRINA DE CRISTO

"Cristo ha existido desde toda la eternidad con el Padre. El es
uno con el Padre, pero está subordinado al Padre."[10] El Yahweh
(Jehová) del Antiguo Testamento es Jesucristo.

---

4 David Ion Hill, "Why Is God the Father Called a Father?" *Tomorrow's World*, September-
October 1979, p. 24.
5 *The Plain Truth*, Agosto 1958, p. 17.
6 "The God Family" *Tomorrow's World*, Mayo 1971.
7 Robert L. Kuhn, "What It Means to Be Equal with GOD" *Tomorrow's World*, Abril 1971,
p. 43.
8 Herbert W. Armstrong, *What Do You Mean—Born Again?* (Pasadena, Calif.: Ambassador
College Press, 1962), p. 15.
9 Kuhn, pp. 44-45.
10 Paul N. Benware, *Ambassador of Armstrongism* (Nutley, N. J.: Presby. & Ref., 1975), p.
44.

Jesucristo, Yahweh, se volvió hombre, habiendo nacido de la virgen María. Hasta ese tiempo, él no era el hijo. El curso bíblico por correspondencia del Colegio Ambassador de Armstrong, dice:

> Antes que Cristo (el Logos) fuera concebido en María, él no era el "hijo de Dios". El era uno de los dos miembros originales del reino de Dios. El, como el que llegó a ser el "Padre", había existido eternamente. Pero en ninguna parte de la Palabra de Dios se refiere a él como al hijo de Dios antes de su concepción en María. Su nacimiento humano fue su primer nacimiento.[11]

Como hombre él pudo haber pecado, pero no lo hizo. El "llegó a ser perfecto por medio de las experiencias y pruebas de la experiencia humana... El cumplió perfectamente los mandamientos de Dios,... [y] desarrolló la perfección de carácter espiritual que lo capacitó para llegar a ser nuestro salvador y hermano mayor".[12] El murió como un sacrificio voluntario en la cruz para pagar el castigo del pecado. Sin embargo, como se verá después (ver "La Doctrina de la Salvación", más abajo), "la sangre de Cristo no salva finalmente a ningún hombre".[13]

Crucificado en miércoles (como lo sostiene Armstrong firmemente), Cristo resucitó el sábado, al fin del Sabbath judío. Pero nótese que "el cuerpo resucitado ya no era humano: ¡era el Cristo resucitado, inmortal, cambiado de nuevo!... El fue... convertido a la inmortalidad, y está vivo para siempre".[14] Habiendo recibido inmortalidad, no era un hijo espiritual de Dios, un ser divino. En cuanto al cuerpo, desapareció.[15] Presumiblemente, al morir, Cristo cesó de existir. Luego fue creado de nuevo por Dios después de tres días de total extinción.

En relación con la doctrina del Espíritu Santo, debe notarse que se niega su personalidad. "El Espíritu Santo es el mismo poder de Dios. Expresa la voluntad creativa y unificada de la familia de Dios."[16] En similaridad a la enseñanza de los Testigos de Jehová, "el Espíritu Santo no es una tercera persona de la divinidad, como lo

---

[11] Curso bíblico por correspondencia del Colegio Ambassador, lección 8.
[12] Ibíd., lección 9.
[13] Herbert W. Armstrong, All About Water Baptism (Pasadena, Calif.: Ambassador College Press, 1972), p. 2.
[14] Herbert W. Armstrong, "Why Christ Died—and Rose Again", The Plain Truth, abril 1963, p. 10.
[15] C. Paul Meredith, If You Die—Will You Live Again? 1958, 1971, p. 6. Citado por R. L. Sumner, Armstrongism (Armstrongismo) (Brownsburg, Ind.: Biblical Evangelism, 1974), p. 113.
[16] Curso bíblico por correspondencia del Colegio Ambassador, lección 9.

enseña la idea pagana de la 'trinidad'".[17] Nótese también que Dios no es omnipresente. "El Padre y el Hijo están en lugares definidos... el Espíritu procede de ellos y llena el universo entero."[18] "Siempre que llegamos a ser miembros de la familia engendrada de Dios, recibimos una porción, una semilla o germen del Espíritu Santo del Padre."[19]

LA DOCTRINA DEL HOMBRE

El relato de la creación es aceptado literalmente. La creación del hombre "a la imagen de Dios" tuvo lugar hace aproximadamente seis mil años. La caída del hombre fue planeada y permitida por Dios. Cualquier otra explicación sugeriría que Satanás aventajó a Dios en astucia.

"En su concepto del hombre, la Iglesia Mundial de Dios adopta el criterio del condicionalismo, junto con los Adventistas del Séptimo Día y los Testigos de Jehová. El condicionalismo enseña que el hombre fue creado como una alma viviente con el potencial para la inmortalidad."[20] Al sostener así la enseñanza de la "inmortalidad condicional", la Iglesia Mundial de Dios enseña que la condición de todos los hombres después de la muerte es de inconciencia, o "del sueño del alma". Así permanecen hasta la resurrección de los justos a la inmortalidad y la vida, y de los injustos a la aniquilación.

LA DOCTRINA DE LA SALVACION

Para principiar, es interesante notar que Jesús solo, de todos los humanos, ¡ha sido salvado hasta ahora![21]

LA SALVACION ES UN PROCESO

"La salvación es por fe en Jesucristo, por la que uno está capacitado para guardar la ley. La aceptación de Cristo limpia de los pecados pasados, pero la justificación se dará solamente con la condición de que la ley sea guardada."[22] Así es como la salvación es un proceso. Y no promete certeza hasta la resurrección. Uno que es nacido de Dios es "meramente engendrado espiritualmente". El "no es realmente nacido". Solamente los que se desarrollan espiritual-

---

17 *Ibíd.*

18 Herbert W. Armstrong, *How You Can Be Imbued with the Power of God* (Pasadena, Calif.: Ambassador College Press), p. 5.

19 *Ibíd.*, p. 4.

20 Benware, p. 102.

21 Herbert W. Armstrong, *Why Were You Born?* (Pasadena, Calif.: Ambassador College Press, 1957), p. 11.

22 Herbert W. Armstrong, *What Kind of Faith Is Required for Salvation?* (Pasadena, Calif.: Ambassador College Press, 1952).

mente "recibirán finalmente inmortalidad, finalmente cambiados de mortales a inmortales al tiempo de la segunda venida de Cristo".[23]

EL BAUTISMO ES ESENCIAL

El bautismo por inmersión es un absoluto esencial. "No hay promesa de que nadie recibirá el Espíritu Santo sin que sea bautizado en agua."[24]

EL GUARDAR LA LEY INCLUYE NUMEROSAS OBSERVANCIAS

El guardar la ley incluye observancias relacionadas al sábado, a los días festivos anuales, a los Diez Mandamientos, a los reglamentos dietéticos y al diezmo.

Observancia del sábado. "Romper el sábado santo de Dios es pecado y el castigo es muerte eterna."[25]

Días de fiesta anuales. Ellos son: la Pascua, durante la cual se observa el tiempo establecido para la cena del Señor; los siete días del pan sin levadura, que sigue a la Pascua; Pentecostés, que simboliza la venida del Espíritu Santo; la fiesta de las trompetas; día de la expiación (*Yom Kippur*), que representa el día futuro cuando "la responsabilidad por el pecado será colocada sobre la cabeza de Satanás, el diablo", y Satanás es el chivo expiatorio.[26]

Los Diez Mandamientos. El segundo mandamiento, relativo a las imágenes esculpidas, se interpreta como excluyente de todas las fiestas eclesiásticas idólatras, tales como la Navidad, Pascua de resurrección, año nuevo, la cuaresma, y así por el estilo, ¡y hasta los cumpleaños! El séptimo mandamiento, "No cometerás adulterio", significa que solamente el primer matrimonio es válido. El divorcio es pecaminoso, por cualquier causa que sea. Cualquier matrimonio subsecuente al divorcio es adulterio. Sin embargo, parece haber habido un ablandamiento de la Iglesia Mundial de Dios a este respecto.

Reglamentos dietéticos. Los reglamentos dietéticos de Levítico

[23] 23 Armstrong, *All About Water Baptism*, p. 2.

[24] *Ibíd.*, p. 8.

[25] Herbert W. Armstrong, *Which Day Is the Sabbath of the New Testament?* (Pasadena, Calif.: Ambassador College Press, 1952), p. 56.

[26] K. C. Hermann, *God's Sacred Calendar*, 1970-71 (Pasadena, Calif.: Ambassador College Press, 1970), p. 11.

11 y de Deuteronomio 14 son obligatorios, como lo son las decisiones del Concilio de Jerusalén de Hechos 15. Fumar es un pecado, pero beber bebidas alcohólicas no lo es.

(Podría hacerse notar aquí que "la enfermedad es solamente el castigo de la transgresión física, y siempre que uno está enfermo, está pagando ese castigo. La sanidad no es nada más ni nada menos que el perdón de Dios. ¡Dios es el único médico verdadero! La Escritura clasifica como idolatría otros modos de sanidad. La medicina tiene un origen pagano".[27] El armstrongismo aboga por la imposición de manos y la unción con aceite para sanidad. El hablar en lenguas es denunciado como del diablo.)

Diezmar. Diezmar es un énfasis importante, con "ofrendas voluntarias". En la práctica, esto incluye un primer diezmo, un segundo diezmo, un tercer diezmo, etc. Se citan ocasiones de miembros que dan del 30 al 40 por ciento de sus ingresos a la iglesia.

HABRA UNA OPORTUNIDAD MILENARIA PARA SALVACION

Sin embargo, "una mayoría de los que mueren sin Cristo serán resucitados y tendrán oportunidad de creer durante el milenio".[28]

LA DOCTRINA DE LAS ULTIMAS COSAS

"De acuerdo con Armstrong, el año 1972 debió haber terminado la obra de Dios y traído los eventos de los últimos días (1934 a 1972 completa los dos ciclos de diecinueve años). Esto ha causado a Armstrong algunos problemas proféticos."[29] No obstante, la introducción a la lección 4 del curso por correspondencia declara que "ningún otro curso bíblico en este mundo se atreve siquiera a revelar el futuro como lo hace este curso,... esta obra realmente entiende la profecía bíblica".[30]

LA TRIBULACION

Ahora estamos en los últimos días, que preceden a la tribulación, el tiempo de la ira de Satanás. La tribulación durará tres años y medio y será seguida por el tiempo de la ira de Dios. Este es el sexto sello de Apocalipsis 6:12, 13. Durante este tiempo, aparentemente, los "fieles" serán transportados sobrenaturalmente a Petra, la

---

[27] Herbert W. Armstrong, *Does God Heal Today?* (Pasadena, Calif.: Ambassador College Press, 1952), p. 8.
[28] Herbert W. Armstrong, *Predestination—Does the Bible Teach It?* (Pasadena, Calif.: Radio Church of God, 1957).
[29] Benware, p. 66.
[30] Curso bíblico por correspondencia del Colegio Ambassador, lección 4.

antigua ciudad cavada en las murallas de piedra en Edom. Allí serán protegidos de los horrores que sucederán en el mundo. El tiempo de la ira de Dios es el principio del Día del Señor, que tiene su clímax en la Segunda Venida de Cristo.

LA BATALLA DE ARMAGEDON

En la batalla de Armagedón las huestes de maldad serán destruidas por el regreso de Cristo. Al mismo tiempo, tendrá lugar la primera resurrección. Los "muertos en Cristo" se levantarán y, junto con los "vivientes, serán cambiados de mortales a inmortales. Después de levantarse para encontrar al Señor, inmediatamente descenderán con él para reinar en el milenio terrenal. Satanás será atado, y sobrevendrán mil años de paz y prosperidad.

LA SEGUNDA RESURRECCION

La segunda resurrección incluirá a todos los que realmente nunca han tenido una justa oportunidad de escuchar la verdad. Este es el juicio del gran trono blanco. "Isaías 65:20 indica que los resucitados en ese tiempo vivirán por mil años."[31] El evangelio será explicado, pero a Satanás "se le permitirá... libertad para engañar a las naciones de nuevo".[32] Se espera que la mayoría crea la verdad y sea convertida. Todos los que no lo hagan serán arrojados al lago de fuego.

LA TERCERA RESURRECCION

La tercera resurrección viene inmediatamente después del juicio del gran trono blanco. "Este puñado de pecadores recalcitrantes será aniquilado, echado al lago de fuego. El Padre mudará entonces su trono a la tierra y la tierra se convertirá en el centro eterno del universo."[33]

LOS HABITANTES DEL CIELO Y LA TIERRA EN LA ETERNIDAD

El cielo aparentemente está reservado para el Padre y sus ángeles. Cristo reinará en la tierra por la eternidad.[34] "La tierra, y un lugar específico y definido en la tierra, será donde Jesús dijo que va a

---

[31] Herbert W. Armstrong, *If You Die, Will You Live Again?* (Pasadena, Calif.: Ambassador College Press), p. 7.
[32] Herbert W. Armstrong, *What Is Satan's Fate?* (Pasadena, Calif.: Ambassador College Press), p. 4.
[33] Joseph Hopkins, *The Armstrong Empire* (Grand Rapids: Eerdmans, 1974), p. 97.
[34] *Ibíd.*

estar. Si vamos a estar con él donde él va a estar, entonces nosotros también vamos a estar en esta tierra."[35]

El infierno, el Seol, el Hades y el lago de fuego, todos parecen ser considerados términos sinónimos. "Los malvados serán resucitados al fin del milenio, pero solamente para ser aniquilados."[36] Reconociendo que Jesús habló del "fuego inextinguible" (Mar. 9:43), la Iglesia Mundial de Dios enseña que el fuego "se apagará a sí mismo, cuando los malvados y todas sus obras malvadas sean quemadas".[37] Satanás y sus ángeles, sin embargo, siendo seres espirituales, "serán atormentados por los siglos de los siglos... La naturaleza exacta de su castigo eterno todavía no ha sido determinada".[38]

---

[35] Herbert W. Armstrong, *Will You Get to Heaven?* (Pasadena, Calif.: Radio Church of God, 1953).

[36] Herbert W. Armstrong, *Lazarus and the Rich Man* (Pasadena, Calif.: Radio Church of God, 1953).

[37] Herbert W. Armstrong *What Is This Place Called Hell?* (Pasadena, Calif.: Ambassador College Press), p. 18.

[38] Armstrong, *What Is Satan's Fate?* p. 7.

5

EL CAMINO INTERNACIONAL

El Camino Internacional es una organización de investigación y enseñanza bíblica interesada en poner ante hombres y mujeres de todas las edades la exactitud inherente de la Palabra de Dios (la Biblia), de modo que todos los que así lo desean puedan conocer el poder de Dios en su vida. El Camino no es una iglesia, ni es una denominación o secta religiosa de ninguna clase.[1]

Esta es la declaración introductoria en un atractivo folleto a todo color intitulado *This Is The Way* (Este es el camino). Su terminología es esencialmente la del cristianismo evangélico. Ofrece, por una cuota de 100 dólares según se dice, clases de estudio enfocadas en el poder de la vida abundante. Capitalizando el descontento y el entusiasmo de la juventud, El Camino Internacional implica que da nueva luz a las Escrituras. Esta nueva luz es el resultado de más de treinta años de investigación y enseñanza bíblica de su fundador y presidente, doctor Víctor Paul Wierwille.

El Doctor, como lo llaman sus seguidores, estudió en la Universidad de Chicago y en el Seminario Teológico Princeton, donde se le confirió la Maestría en Teología. Su grado doctoral es del Seminario Bíblico Pike's Peak, reputado como una fábrica de títulos académicos. Por dieciséis años sirvió en el noroeste de Ohio en la Iglesia Evangélica y Reformada, después conocida como la Iglesia Unida de Cristo. Renunció en 1957 a su pastorado en Van Wert, Ohio para empezar su actividad actual.

El corazón de su "nueva luz" sobre las Escrituras es presentada en cuatro tomos que forman *Studies in Abundant Living* (Estudios en la vida abundante). El estilo es desdeñoso de mucha de la interpretación bíblica ortodoxa. Dogmático y crítico, el Doctor no es lento para escribir que nada es tan dinámicamente emocionante como la exactitud inherente de la Palabra de Dios, maravillosa y sin igual, y para indicar que él tiene la única interpretación verdadera.

---

1 *This is The Way* (New Knoxville, Ohio: The Way, Inc., International, s.f.).

"La Palabra de Dios es la voluntad de Dios. Significa lo que dice y dice lo que significa."[2] Y él, el Doctor, ¡es el que sabe lo que significa!

"Dios", testifica él, "me habló audiblemente, tal como yo estoy hablándoles ahora. El dijo que me enseñaría la Palabra como no había sido conocida desde el primer siglo, si yo la enseñaba a otros".[3] Dios después le dio una señal en confirmación de la voz. En respuesta a su petición, Dios envió nieve. En un momento el cielo estaba claro como el cristal. El cerró los ojos. Cuando los abrió, testifica, el "cielo estaba tan blanco y cerrado de nieve que yo no podía ver los tanques de la estación de gasolina en la esquina, a no más de 23 metros de distancia".[4] Más tarde recibió el "espíritu santo" y habló en lenguas. "El campo del espíritu santo—ese es el campo para el que Dios me creó... Y no hay nadie al que yo no pueda dirigir para hablar en lenguas si es cristiano y si desea hacerlo."[5]

El Camino Internacional se ha caracterizado como una combinación de literalismo bíblico, de evangelicalismo, de calvinismo, de ultra-dispensacionalismo y de pentecostalismo.[6] Wierwille usa ampliamente la Escritura para probar enseñanza que está lejos de ser ortodoxa. Su uso del hebreo y del griego, con explicaciones apropiadas, es impresionante (como no cabe duda que pretende serlo). La estructura de El Camino es comparable a la de un árbol. "Hojas y ramitas, ramas, brazos, tronco y raíces. Cada unidad estatal es un brazo, cada unidad en una ciudad es una rama, cada grupo de comunión en una casa es una ramita y cada creyente una hoja."[7] La hoja llega a "enraizarse, vincularse y establecerse" en conocimiento y aplicación práctica de la Palabra en la "ramita".

LA FUENTE DE AUTORIDAD

La única fuente de autoridad reconocida es la Biblia, pero la Biblia como es reinterpretada por su fundador. Un fuerte criterio dispensacional indicó que la "iglesia empezó con las Epístolas de Pablo. Los Evangelios pertenecen al Antiguo Testamento y solamente esas Epístolas del Nuevo Testamento dirigidas a la iglesia se aplican a los creyentes hoy, aunque el resto de la Biblia es 'para nuestro apren-

---

[2] Victor Paul Wierwille, *The Word's Way*, Studies in Abundant Living, vol. 3 (New Knoxville, Ohio: American Christian Press, 1971), p. 229 (citado en el texto y notas como WW).

[3] Elena S. Whiteside, *The Way: Living in Love* (New Knoxville, Ohio: American Christian Press, 1972), p. 178.

[4] *Ibíd.*, p. 180.

[5] *Ibíd.*, p. 201.

[6] J. J. Hopkins, "The Word and the Way According to V. Wierville," *Christianity Today,* septiembre 26, 1975, p. 42.

[7] *This Is The Way.*

dizaje'".[8] La revista El Camino de septiembre-octubre de 1974 declara que "las Epístolas paulinas son absolutamente intachables, revelación divina... Los Evangelios dan solamente una familiaridad de conocimiento sensual del Señor Jesucristo". Además, "la llamada iglesia cristiana hoy en día está edificada esencialmente en doctrinas humanas, en tradición, en confusión, servidumbre, errores y contradicciones de la Palabra como fue 'inspirada por Dios' originalmente".[9]

LA DOCTRINA DE DIOS

Elohim, Dios solo, es creador del cielo y la tierra. El Camino, como los Testigos de Jehová, rechaza categóricamente cualquier sugestión de doctrina trinitaria. Tal enseñanza es relegada a la religión que empezó en el tiempo de Nimrod. La palabra plural *Elohim* (como en Gén. 1:1) es simplemente indicativa de supremacía y señorío, el plural de majestad. (Una interesante nota en Gén. 1:28 afirma que el mandamiento de llenar la tierra indica que el hombre prehistórico antecedió a Adán y a Eva.)

LA DOCTRINA DE JESUCRISTO

"JESUCRISTO NO ES DIOS"

En 1975, Wierwille escribió un libro con el título *Jesus Christ Is Not God* (Jesucristo no es Dios). Abundando sobre un material ya publicado, es un desacuerdo reconocido y descarado con la doctrina trinitaria ortodoxa. Los dos puntos clave en la doctrina de Wierwille son los siguientes:

1. Jesús no era coexistente con Dios, ni en espíritu ni en ninguna otra forma. "Dios es eterno mientras que Jesús nació. Mateo 1:18" (WW 26). Sobre la base declarada de que Dios estaba solo desde el principio, se sigue que Dios es el "Verbo" de Juan 1:1. Este versículo es corregido interpretativamente para que diga: "En el principio era el Verbo [Dios] y el Verbo [revelado] estaba con Dios" (WW 28; los corchetes son de Wierwille).

2. El Verbo creado (Jesucristo) estaba con Dios *en su presciencia.* Dios, siendo espíritu, tenía que encontrar maneras

8 J. L. Williams, *Contemporary Cults (The Way)* (Burlington, N. C.: New Directions Evang. Assoc., n. d.), p. 8.
9 Revista *The Way,* septiembre-octubre 1974, pp. 3, 7.

de manifestarse "en concreto". El dio al Verbo revelado de
manera que el hombre fuera capaz de entender su comunicación. El Verbo revelado se refiere tanto al Verbo escrito (la
Biblia) como al Verbo creado (Jesucristo). Es interesante
notar que "los escogidos de Dios fuimos llamados en él en su
presciencia", en la misma manera en que Jesucristo estaba
con Dios "en su presciencia" (WW 29).

"HIJO DE DIOS, PERO NO DIOS"

Jesucristo era un hombre perfecto. Wierwille firmemente
declara que como hombre perfecto Jesús es el "Hijo de Dios, pero
no Dios". "El fue creado especialmente, hombre perfecto cuyo cuerpo vino de María y cuya alma o 'principio de vida'—manifestado
como 'sangre'—fue creada especialmente por Dios en el seno de
María."[10] Cristo es presentado como habiendo sido creado singularmente por una forma de inseminación divina de modo que naciera
impecable. "La existencia de Jesucristo empezó cuando fue concebido por Dios creando la vida-alma de Jesús en María. Dios creó,
trajo a la existencia, esta vida en un óvulo en la matriz de María"
(WW 37). Juan 1:13 es citado como prueba de esto. Este versículo
se refiere, de acuerdo con el Doctor, no al creyente, sino a Cristo.
"El nació (engendrado) NO DE SANGRE... El único que no participó
como hombre natural en la vida de la carne, que está en la sangre,
fue Jesucristo" (WW 37). En *Jesus Christ Is Not God* (Jesucristo no
es Dios), Wierwille interpreta Hebreos 2:14 como indicando que
Jesús solamente "tomó parte, no todo" de la carne y la sangre de
Adán. "La vida de la carne en la sangre de Jesús vino por medio de
concepción sobrenatural por el Espíritu Santo, Dios."[11]

Otras Escrituras que demuestran la deidad de Cristo son hechas
a un lado por reinterpretación. Juan 10:30 dice: "Yo y el Padre una
cosa somos." Wierwille sostiene que esto significa sencillamente que
eran "uno en propósito". El no hace mención de la reacción violenta
de los judíos que escucharon esta declaración. ¡Ellos seguramente
tomaron su significado como algo más que unidad de propósito!
Hebreos 1:2 es tomado para significar que los mundos fueron
hechos para el Hijo, no por el Hijo. De igual manera Efesios 3:9 es
tomado como diciendo: "todas las cosas fueron creadas por (a favor
de, o para) Jesucristo".

---

[10] Williams, p. 9.
[11] Victor Paul Wierwille, *Jesus Christ Is Not God* (New Knoxville, Ohio: American Christian
Press, 1975), p. 71.

JESUCRISTO FUE CRUCIFICADO EN MIERCOLES, RESUCITADO EN SABADO

Wierwille mantiene la posición dogmática de que Cristo fue crucificado en miércoles y que fue resucitado setenta y dos horas después, el sábado en la tarde. Esta enseñanza no es singular. Numerosos evangélicos coinciden en este criterio. El fundador-director de El Camino tuvo más luz, sin embargo, sobre los eventos de ese día. El hace una fuerte y muy larga excepción a la enseñanza de que Jesús llevó la cruz. No hay "registro" de esto, dice él. La cruz fue cargada todo el camino por Simón, el cirenio. "El hombre indocto ha hecho de la cruz de Jesús una cruz de madera. El Verbo dice, y el hombre espiritual sabe, que la cruz de Cristo era el pecado, la servidumbre, la enfermedad y el dolor. Una cruz de madera no podría lograr nada, pero la cruz de Jesús hizo mucho" (WW 227). Un punto incidental a esto: Wierwille coincide con los Testigos y con Armstrong en la enseñanza de que las víctimas murieron sobre estacas en lugar de cruces.[12]

Con Cristo hubo cuatro hombres crucificados, dos ladrones y dos malhechores. La discusión se basa ampliamente en el uso de diferentes palabras por Mateo y Lucas. "Los dos malhechores (*duo kakourgoi:* Luc. 23:32, 33) fueron crucificados al tiempo que Jesús fue crucificado, mientras que los dos ladrones (*duo lesta:* Mat. 27:38) fueron crucificados más tarde" (WW 240). Haciendo uso considerable de las sutilezas del griego del Nuevo Testamento, Wierwille exalta su propia habilidad para "leer exactamente y de estudiar lo que está escrito".

Otro notable rechazamiento de la enseñanza ortodoxa aceptada cambia la traducción de las palabras arameas "*¿Eli, Eli, lama sabactani?*" (Mat. 27:46). Estas palabras fueron pronunciadas por Cristo en la cruz, y comúnmente son traducidas, "*Dios mío, Dios mío, ¿por qué me has desamparado?*" La traducción de Wierwille es: "Dios mío, Dios mío, para este propósito fui dedicado, para este propósito fui guardado, para este propósito vine al mundo, para este propósito fui reservado" (WW 273). El no hace mención del Salmo 22:1, del que esas palabras fueron citadas realmente.

LA DOCTRINA DE LA REDENCION

REDENCION POR FE

La redención es por fe en Jesucristo. Cualquier judío o gentil

12 Hopkins, p. 40.

que confiesa a Jesucristo como su Señor y cree que Dios lo levantó de entre los muertos es nacido de nuevo y es un miembro del cuerpo de Cristo. "El tiene a Cristo en sí, la esperanza de gloria." Esto será reconocido como una verdad evangélica. Por supuesto, debe ser templada por la comprensión de que es negada la deidad esencial de Cristo. Y sin la deidad de Cristo, no hay expiación adecuada.

En *Jesus Christ Is Not God* (Jesucristo no es Dios), Wierwille sintió necesario estallar sobre este punto. "El dogma trinitario", él escribe, "degrada a Dios de su posición elevada y sin paralelo; además, deja al hombre irredento".[13] Además, "si Jesucristo es Dios y no el Hijo de Dios, no hemos sido redimidos todavía".[14] En esto el fundador de El Camino rechaza la verdad de que Jesucristo es el Dios-hombre, el sacrificio perfecto y el substituto perfecto para el hombre pecador.

LIBERACION DEL PODER DE LAS TINIEBLAS

La salvación incluye liberación del poder de las tinieblas. Esto es, "cuando tenemos salvación, tenemos integridad, hasta integridad física si sencillamente la aceptamos".[15] La sanidad completa de cualquier enfermedad o incapacidad está disponible para todos los creyentes. Aparentemente este no es un asunto de énfasis extremo. Cuando se le pidió que contara de "algunas sanidades fantásticas", el Doctor contestó: "Yo no recuerdo muchas sanidades específicas. Verá usted... sanidades y milagros son un resultado del Verbo de Dios viviendo en el corazón de una persona... subproductos del Verbo."[16]

LA ESPOSA DE CRISTO Y EL CUERPO DE CRISTO

Wierwille hace diferencia entre la esposa de Cristo y el cuerpo de Cristo. "El período del reino de los cielos es para los llamados-afuera (ekklesia) de Israel, la iglesia de Israel, que es la esposa de Cristo" (NDC 7). Esta es la iglesia del período de la ley y los Evangelios. También será la iglesia del libro de Apocalipsis, en cuyo tiempo la esposa y el esposo estarán juntos. Por otra parte, el cuerpo de Cristo empezó el día de Pentecostés y continúa hasta el regreso de Cristo. Durante ese período, "todo el que es nacido de nuevo por el Espíritu de Dios es un miembro de la iglesia de gracia, el cuer-

---

[13] Wierwille, *Jesus Christ Is Not God*, p. 85.
[14] *Ibíd.*, p. 6.
[15] Victor Paul Wierwille, *The New Dynamic Church*, Studies in Abundant Living, Vol. 2 (New Knoxville, Ohio: American Christian Press, 1971), p. 31 (de aquí en adelante citado en el texto y notas como NDC).
[16] Whiteside, p. 169.

po de Cristo" (NDC 10). También llamada la iglesia de Dios, incluye a creyentes, tanto judíos como gentiles.

LA DOCTRINA DEL ESPIRITU SANTO Y DE "ESPIRITU SANTO"

Wierwille distingue estos términos con vehemencia. Su discusión es que Dios *es* Espíritu Santo. (Esto, por supuesto, de acuerdo con su posición anti trinitaria.) "Y puesto que Dios es Espíritu Santo, él sólo puede dar lo que él es: espíritu santo" (NDC 103). Siempre que se refiere a Dios el dador como al Espíritu Santo, Espíritu Santo va con mayúsculas. Su don, espíritu santo, no.

RECEPCION DEL ESPIRITU SANTO

Un individuo recibe espíritu santo cuando es salvo. Este don de espíritu santo tiene nueve partes, o manifestaciones, como están listadas en 1 Corintios 12. Todas ellas son recibidas por todos los creyentes, incluyendo el don de hablar en lenguas.

HABLAR EN LENGUAS

"No hay nadie a quien yo no pueda dirigir a hablar en lenguas, si es cristiano y quiere hacerlo."[17] En cumplimiento de la convicción de que "el campo del espíritu santo" es uno distintivo para el cual Dios lo creó, Wierwille alienta a todo cristiano a ejercitar este don. La experiencia de hacerlo es el "derramamiento" del espíritu, y edifica al cuerpo de creyentes.

Hablar en lenguas puede ser en privado y en público. En el primer caso, es por la oración y la alabanza y nunca es interpretado. En el segundo, es para edificación y debe ser interpretado. Aparentemente no es raro que un período de tal "manifestación" sea programado en reuniones públicas. Un individuo puede orar por petición o por demanda. Se hace hincapié en que "lo que uno dice cuando habla en lenguas es asunto de Dios, pero lo que usted *habla* es su responsabilidad" (NDC 109). Las instrucciones son precisas y claras. "Yo estoy ministrando el espíritu santo a usted... Cierre sus ojos y siéntese calmadamente" (NDC 122). "Crea para estar natural y en reposo. Tiene que mover sus labios, su garganta, su lengua; impulse el aire por su caja vocal para hacer los sonidos" (NDC 117-18). "Sólo inspire. Abra bien su boca. Mientras está inspirando, agradezca a Dios por haberlo llenado con la plenitud del poder de su espíritu santo... Hable. Cuando haya terminado un sonido, pronun-

---

[17] *Ibíd.*, p. 201.

cie otro. No ponga atención a lo que está pensando... Usted formule
las palabras... Usted está magnificando a Dios, sin importar cómo las
palabras le suenen a sus oídos. Su parte es hablar en lenguas; la
parte de Dios es darle la pronunciación" (NDC 123).

CONCLUSION

Los escritos de Wierwille son voluminosos y se caracterizan por
una exposición personalmente distintiva de la Escritura. Su estilo lite-
rario es extremadamente dogmático, con interpretaciones que frecuentemente están opuestas a la ortodoxia. Una expresión típica es
"sencillamente no es así", con referencia a la enseñanza comúnmente aceptada. No todos sus conceptos son heréticos según las
normas ortodoxas. Aunque la deidad de Cristo es negada, su
nacimiento, sus milagros, su muerte y resurrección y su ascención
son aceptadas como verdad bíblica. La regeneración es considerada
esencial, y esa por fe en Jesucristo, el Hijo de Dios. La vida eterna,
recibida al momento de la fe en Cristo, nunca puede perderse.

El énfasis más importante de Wierwille sobre "Poder para la
Vida Abundante" lleva la aceptación de muchos en estos días de normas de santidad cristiana bajas. El ha aplicado la enseñanza cristiana
al hombre íntegro en toda la vida. Aparentemente esto apela a
muchos jóvenes insatisfechos y a otros que están disgustados con la
falta de vida de muchas iglesias.

6

ALGUNOS MOVIMIENTOS BASADOS EN EL HINDUISMO

La invasión del hemisferio occidental por el misticismo oriental no es nueva. Los literatos han pensado que el trascendentalismo de Nueva Inglaterra del siglo diecinueve fue influido por la filosofía hindú. La Ciencia Cristiana, la Teosofía, La Escuela Unidad de Cristianismo, y el movimiento "YO SOY" son básicamente hindúes en enseñanza esencial. Sin embargo, el impacto primario, como hinduismo, fue hecho probablemente en los Estados Unidos en el Parlamento de Religiones Mundiales en 1893. Los noticieros expresaron admiración por el brillo del Swami Vivekananda, el representante del hinduismo. Tomando en cuenta las súplicas de muchos que lo escucharon, él condujo un número de seminarios por todo el país. Como resultado, la enseñanza del Vedanta fue establecida en varios centros urbanos. Vedanta (que significa el "fin" o "último" en conocimiento) está expuesto en las escrituras hindúes llamadas los Vedas. La enseñanza emana principalmente del Upanishads (c. 600 a. de J. C.), suplementado por el Bhagavad Gita (Canción Celestial, c. primer siglo de la era cristiana). La palabra *Upanishads* tiene varios significados, pero lleva la connotación de "doctrina secreta", o "lo que disipa completamente las tinieblas o la ignorancia".[1] El entendimiento es que los que obtienen conocimiento son emancipados de la servidumbre y la obscuridad de la ignorancia. Habiendo llegado a ser uno con el divino (Brahman), ellos ya no más estarán sujetos a las angustias de la reencarnación.

Es fascinante observar que el principal interés de los antiguos era explicar cómo el hombre se relaciona con la realidad última. Su solución está en la comprensión de que el hombre común es ignorante de su propia naturaleza verdadera. "La raíz de la miseria y

---

[1] Charles Samuel Braden, *The Scriptures of Mankind: An Introduction* (New York: Macmillan, 1952), p. 111.

el mal humano no es trasgresión moral, sino error mental."[2] Como el Vedanta no dualista lo explica:

> Brahman (la Realidad última detrás del universo fenomenal) es "sin par". Brahman... es conciencia. Brahman... es existencia. Brahman es la... Naturaleza Eterna de cada ser humano, creatura y objeto... La vida no tiene otro propósito que este: que aprendamos a conocernos a nosotros mismos por lo que realmente somos.[3]

En el Upanishads la declaración repetida es: "¡Eso eres tú!" ¡La Realidad última e infinita y tú, son uno y el mismo!

Esta es la enseñanza llamada monismo, el "gran descubrimiento" de los sabios de la India. Mantiene que la personalidad-ego superficial, que reclama existencia individual, es irreal y transitoria. El principio fundamental es que el hombre, en su naturaleza verdadera, es divino y el propósito de la existencia humana es la realización de esta divinidad dentro de uno. Esto es llamado también la filosofía perenne; se le atribuye ser la religión eterna, el factor común más elevado de todas las religiones. La meta, entonces, es Dios-realización, que realmente es autorrealización. *Iluminación* es un término sinónimo. Aunque es una experiencia mística, es esencialmente experimental, cambia radicalmente el estilo de vida de uno, y también determina el futuro eterno.

Esta enseñanza es ampliada en el Bhagavad Gita, el Canto Celestial del Señor Krishna. Tres facetas son básicas: Primera, el alma del hombre es inmortal, una parte de la creación sin principio y sin fin. "Nunca hubo un tiempo cuando yo no existiera, ni tú, ni ninguno de estos reyes, ni hay ningún futuro en el que cesaremos de ser."[4] Segunda, el alma, u hombre, es eternamente una parte del Infinito, el Absoluto, el Brahman, la Realidad única. Tercera, la reencarnación (transmigración) y el karma (la ley de los hechos, la ley de la causa y el efecto) explican la vida como el hombre la ve. Las reencarnaciones sucesivas (según se dice en promedio de 8.400.000) son los pasos por los cuales el alma individual escala para llegar a ser uno con el Infinito. Entonces es liberado de la "ilusión" de la individualidad y entra en su posición correcta de vida eterna, de infinita sabiduría y felicidad permanente.

"Vedanta tiene una gran peculiaridad: declara que no debe haber un intento de obligar a la humanidad a recorrer un sólo camino, sino que debemos permitir una variedad infinita de pen-

---

[2] John B. Noss, *Man's Religions* (New York: Macmillan, 1956), p. 229.
[3] Christopher Isherwood, ed., *Vedanta for Modern Man* (Nueva York: Collier, 1962), p. 9.
[4] Swami, Prabhavananda y Christopher Isherwood, Trad. *Bhagavad-Gita: Song of God* (New York: Mentor Classic, 1951), p. 36.

samientos religiosos, sabiendo que la meta es la misma."[5] Así escribió Swami Prabhavananda en *Vedanta for Modern Man* (Vedanta para el hombre moderno). Posteriormente se notará que varios de los movimientos modernos tienden a reclamar singularidad al ser "el único camino", o tener la "técnica auténtica". Esto no está de acuerdo con la enseñanza histórica del Vedanta.

Una doctrina comúnmente aceptada dentro del sistema hindú es que la "enseñanza" (cualquiera que pueda ser su énfasis) ha sido trasmitida a través de las edades por hombres que han "realizado la deidad". Cada uno de estos, usualmente designados "gurus" (maestro) o "Guru Dev" (Maestro Divino), enseñó a sus discípulos escogidos. A veces la luz parecería empañada, pero constantemente aparecería en y a través de esas "grandes almas". Nombres tales como Shankaracharya (el gran exponente del no dualismo), Ramanuja (el gran exponente del no dualismo modificado), o Madhavacharya (el gran exponente del dualismo, que sostiene que los hombres son personalidades individuales separadas aun después de la liberación) son bien conocidos a los estudiantes del Vedanta. Los "gurus" de hoy consistentemente se refieren a sus maestros de los que ellos recibieron ilustración. Así, el Guru Majaraj Ji reconoce a su padre, Shri Hans Ji Maharaj, como su Satguru; Guru Maharishi Mahesh Yogi aprendió la técnica de la Meditación Trascendental (MT) de su maestro, Guru Dev; Su Gracia Divina A.C. Bhaktivedanta Swami Prabhupada enseña la supremacía del Señor Krishna, como él aprendió de su guru, Bhakti Siddhanta Sarasvati y así por el estilo. Ninguno de los actuales "swamis" reclama originalidad, aunque cada uno indica que este es el *camino* para el tiempo presente.

De los "gurus" actualmente activos, el joven Maharaj Ji es aclamado como "Señor del Universo", la "más grande encarnación de Dios que haya pisado la faz de este planeta". Entre un número de parodias de versículos bíblicos, la que se refiere a Mateo 6:33 dice: "Primeramente uno debiera tener Conocimiento del Guru Maharaj Ji y después todo lo accesorio le será añadido."[6] Sin embargo, Su Gracia Divina, A.C. Bhaktivedanta Swami Prabhupada, de Iskon, es presentado como "uno que conoce la Verdad Absoluta". El debe ser honrado tan altamente como el supremo y poderoso Señor, porque "él es el servidor más íntimo del gran Dios". Esto es frecuentemente enfatizado en la publicación del movimiento, *Back to Godhead* (Regreso a la divinidad).

"El Upanishads predica que la mejor manera de purificar el corazón es mediante la contemplación y la meditación,... una co-

5 Isherwood, *Vedanta for Modern Man*, p. 30.
6 Charles Cameron, ed., *Who Is Guru Maharaj ji?*, (Nueva York: Bantam, 1973), p. 277.

rriente ininterrumpida de pensamiento enfocado sobre un objeto."[7]
Así, la meditación es una faceta común de los sistemas hindúes. Y la
mantra es igualmente central en la práctica de la meditación.
Webster la define como "un hechizo verbal, conjuro ritual, o fórmula
mística usada devocionalmente en el hinduismo popular o budismo".
Puede ser asignada individualmente por un maestro, como en MT, o
todos los devotos pueden usar la misma mantra, como en ISKON.
Pero el propósito es "calmar la mente," obtener perfecta calma. Tal
es el preliminar para el estado último de "realidad espiritual".

No hay sugestión de expiación por el pecado. El pecado es
más la ausencia de bien y es compensado por la propia devoción de
uno a su sendero escogido para salvación. En todo caso el resultado
de la ley del carma es absolutamente inexorable. La buena voluntad
será recompensada; la voluntad que no es buena será castigada.
Puesto que Cristo generalmente es aclamado como uno de los
grandes gurus divinos del pasado, se dice que uno puede aceptar al
guru actual sin rechazar a Cristo. Realmente están enseñando la
misma verdad, según el criterio védico. Como hace notar el
Maharashi, "la cumbre de la sabiduría védica... es la esencia del cristianismo, la esencia del budismo, la esencia del Islam, la esencia de
cualquier vida".[8]

MEDITACION TRASCENDENTAL

La Meditación Trascendental (MT) es indudablemente el más
insidioso de los movimientos actuales. Definido como "un sendero a
Dios" por su fundador y dirigente, es propagado como "no religioso." Como tal, es fomentado por varios gobiernos y financiado
con fondos públicos. "Los Vedas [Escrituras Hindúes] proveen una
técnica directa para conocer ... esa realidad que todo lo llena, Dios
todopoderoso" (M 21). La técnica es la MT. "Sencillamente aprenda
a meditar; intérnese y experimente la Naturaleza Divina" (M 158).
Sin embargo, habiendo declarado de esta manera su mensaje y
propósito, el astuto fundador reconoce que el mensaje religioso no
es atractivo para muchos en el Occidente sofisticado. Así entonces,
él hizo hincapié en una declaración de la escritura popular hindú llamada la Bhagavad Gita. Allí el Señor Krishna dice: "No permitáis
que el que conoce el todo moleste al ignorante que conoce solamente una parte." Por eso, la MT satisface al ignorante al nivel de su

---

[7] Isherwood, *Vedanta for Modern Man*, p. 294.
[8] Maharashi Mahesh Yogi, *Meditations of Maharishi Mahesh Yogi* (Nueva York: Bantam,
1973), p. 66 (citado en el texto o en las notas como M).

ignorancia. "Muy pocas almas hay en el mundo de hoy que irían por Dios solo" (M 169).

El atractivo de la MT es su pretensión de mejorar la calidad de vida, de desarrollar el potencial completo de la mente y el cuerpo, de disfrutar la plenitud de la vida. Según el Maharishi, el hombre ya es divino; no necesita un salvador.

El Maharishi Mahesh Yogi graduó de la Universidad Allahabad, en India, y subsecuentemente estudió trece años con su "swami", Guru Dev (Maestro Divino). El Yogi (refiriéndose al que ha alcanzado la unión con el divino) empezó su movimiento en los Estados Unidos en 1959. Para 1976 la MT reclamaba tener más de medio millón de americanos que estaban entrenados en su técnica, más de dos mil centros SIMS (Sociedad Internacional de Estudiantes de Meditación) en los Estados Unidos, mil capítulos en campos universitarios, cinco mil instructores en los Estados Unidos y Canadá, y veinte mil entrenados cada mes. Cifras más recientes señalan una declinación, tal vez ocasionada por varios litigios que desafían la posición no religiosa de la MT. La Sociedad de Inteligencia Creativa (SCI) es el aspecto teórico de la MT. El SIMS es el estandarte bajo el cual MT logra acceso a escuelas y colegios. El Movimiento Espiritual de Regeneración (SRM) es tal vez el más evidentemente veraz de todos los subtítulos de MT. El Maharishi dice que la MT "encuentra al hombre al nivel del hombre y lo transforma en Divino" (M 91, 92). La Universidad Internacional Maharishi, establecida en 1974 en Fairfield, Iowa, integró la enseñanza de SCI a su programa graduado de cuatro años.

La clave a esta técnica de meditación es el mantra. Por medio del mantra asignado individualmente, la mente del practicante es dirigida al "más profundo y más refinado nivel de pensamiento". Esa es la "naturaleza divina" que está en cada hombre. La comprensión de esta divinidad innata trae automáticamente libertad de cualquier opresión de culpa o de depresión causada por la "obscuridad de ignorancia". ¡Seguramente no hay una manera menos exigente y más fácil para la bienaventuranza suprema! (Ver M 90-93.) En MT, un mantra es sencillamente *un grupo de sonidos.* La eficacia está en los sonidos mismos. El mantra es usualmente corto, y debe ser repetido silenciosamente una y otra vez mientras el mediador está sentado en una posición cómoda con los ojos cerrados. Esto debe hacerse por quince a veinte minutos dos veces al día. Mediante esto, la mente es "dirigida a sus estados más sutiles hasta que alcanza su propia naturaleza esencial" (M 183). Entre paréntesis, el mantra nunca debe ser pronunciado en voz alta ni revelado a nadie, porque de lo contrario perderá su eficacia.

¿Cómo recibe uno su propio mantra personal? El proceso

empieza usualmente con una o dos conferencias gratuitas. El instructor preparado declara categóricamente que MT no es religiosa. No es contemplación o concentración. No es una experiencia espiritual o filosófica. Sencillamente es una técnica para relajamiento y descanso profundo. No involucra apartarse de la vida. Después del pago de una cuota requerida (55.00 dólares para estudiantes de escuela secundaria, 65.00 dólares para estudiantes universitarios, 125.00 dólares para adultos que trabajan), el iniciado recibe instrucción. Durante cada una de esas sesiones privadas, el instructor analiza "la calidad de impulsos de energía del individuo... y selecciona el mantra" (M 9). Es un "sonido especial cuyas influencias vibratorias producen todos los efectos buenos, análogos, favorables y valiosos sobre la vida externa" (M 184). El Maharishi subraya que el sonido silencioso del mantra repetido debe "corresponder correctamente con los impulsos de energía del hombre,... o es seguro que va a crear desequilibrio en la armonía de la vida del hombre... Esta es la fuerza principal del Movimiento Espiritual de Regeneración" (M 185-86).

Después de la instrucción y el análisis, y antes de recibir el mantra personal, el iniciado debe estar presente en una ceremonia "puja". Puja es la palabra hindú comúnmente usada en el norte de la India para señalar la adoración idolátrica de Hindu. (No es usada por los cristianos que viven en la India.) Aunque al futuro mediador se le dice que no necesita participar, él debe asistir. Entonces debe traer seis flores, tres pedazos de fruta y un pañuelo blanco, que deben ser ofrecidos ante la imagen de Guru Dev. El ritual es dirigido en sánscrito, el idioma antiguo de la India, el idioma en que fueron escritas las escrituras hindúes y que son usadas hoy cuando los sacerdotes hindúes entonan sus mantras y su puja de los dioses. El instructor entrenado de MT recita el ritual requerido habiéndolo aprendido de memoria. "Hasta los movimientos físicos que acompañan la recitación son coreografiados en detalle y aprendidos de memoria cuidadosamente."[9] Sin embargo, los instructores SIMS vacilan para describir francamente los detalles de la ceremonia a mediadores en perspectiva. Las razones son obvias.

La primera de las tres etapas del ritual empieza con la invocación "al Señor Narayana" y progresa por una secuencia de referencias a personajes históricos y legendarios hasta que llega a Shri Guru Dev. El, por supuesto, es el maestro inmediato de Maharishi, el fundador de la MT.

Durante la segunda etapa, unos diecisiete objetos se ofrecen

---

[9] Una *English Translation of Trascendental Meditation's Initiatory Puja* (Berkeley, Calif.: Spiritual Counterfeits Project, s. f.), p. 1.

ante la imagen de Guru Dev, el Maestro Divino. Cada ofrenda es acompañada por las palabras "yo me inclino". Las flores, frutas y pañuelo traídos por el iniciado son colocados individualmente sobre el altar. El *puja* concluye con un himno de alabanza y adoración a Shri Guru Dev. Se dirige a él como "Guru en la gloria de Brahma; Guru en la gloria de Vishnu; Guru en la gloria del gran Señor Shiva... a él me inclino."[10] El es por quien "las cegadoras tinieblas de la ignorancia han sido quitadas". Entre paréntesis, Brahma, Vishnu y Shiva integran la tríada suprema de los dioses del hinduismo.

Un antiguo instructor de MT escribió lo siguiente acerca de su experiencia: "Al final del canto el maestro indica a la persona que se arrodille por unos momentos de silencio, y entonces, los dos todavía arrodillados, el maestro repite el mantra seleccionado para la persona y lo hace repetirlo hasta que lo pronuncia correctamente, y entonces se sientan para más instrucción. Muchos candidatos a los que encontré mientras enseñaba MT objetaban este aspecto religioso, pero seguían para aprender la técnica."[11] Otro escritor añade: "Al final del *puja* el maestro realmente se inclina ante el altar. Simultáneamente hace un gesto cuidadosamente ensayado hacia el candidato, que lo invita a inclinarse al lado de su iniciador."[12] Dejar de hacerlo lo descalifica a uno de MT. Durante las lecciones subsecuentes los participantes practican meditación, discuten sus experiencias en grupos y luego son dejados por su cuenta.

Se alega que el resultado es "un profundo estado de descanso", "reducción de la ansiedad y de las perturbaciones emocionales", "viveza interior", "torpeza reducida y eficiencia mejorada en percepción y actuación," y "más energía para actividad con propósito".[13] La singularidad de tales reclamos ha sido refutada. Se ha demostrado científicamente que resultados similares se consiguen con otros métodos de meditación.

Sin embargo, asumiendo que el practicante obtiene tales resultados, ¿eso es todo lo que hay en MT? Presionado por una respuesta para esta pregunta, un instructor confesó: "El meditador avanzado de MT encontrará dentro de sí una profundidad de poder inimaginable." Porque MT es solamente un principio, un movimiento gradual de la materia a la mente y luego a la supermente. Este logro final se explica como "unión con el Divino", la "Conciencia

---

10 *Ibíd.*, p. 2.
11 David Haddon, *Trascendental Meditation: A Christian View* (Downers Grove, Ill.: InterVarsity, 1975), pp. 9, 10.
12 Myra Dye, "The Trascendental Flimflam", *Moody Monthly*, Enero 1975, p. 34.
13 *Scientific Research on T. M.* (Los Angeles: Maharishi International Univ. Press, 1972), pp. 1, 3, 6, 7, 9.

Cósmica gloriosa", la realización del yo, que es el dios impersonal que está en cada hombre, ser y objeto. *Este* es el propósito de MT. Es un método sutil de cautivar al ignorante al nivel de su ignorancia. Ofrece paz sin un salvador. No hay necesidad de tal, porque la fuente de poder está dentro de uno. Esta fórmula de hágalo-usted-mismo tiene más atractivo que el mensaje de arrepentimiento del pecado y la fe en el hijo de Dios.

El engaño planeado de Maharishi al presentar MT como no religiosa ha tenido un éxito notable. El número de entrenados alcanzó la cima de 40.000 al mes en 1975. Ha recibido donativos federales para la enseñanza de MT en escuelas públicas en California y en Nueva Jersey. La Cámara de Diputados del estado de Illinois resolvió que "todas las instituciones educativas sean fuertemente alentadas a estudiar... cursos en MT y SCI". Sin embargo, en 1976 una Coalición para la Integridad Religiosa de toda la nación (con Oposición a los Fraudes Espirituales de Berkeley, California, como cabeza de lanza) inició un juicio federal para detener las clases de técnicas en MT en cuatro escuelas secundarias de Nueva Jersey. El juicio tuvo éxito. *Christianity Today* (Cristianismo hoy) informó que el fallo fue que "los acusados no han podido sostener la más ligera duda en cuanto a los hechos o en cuanto a la naturaleza religiosa de las enseñanzas".[14]

La inscripción mensual de MT disminuyó hasta 4.000 en 1977. Los medios noticiosos sugirieron que esto puede haber llevado a "nuevo avance" en el programa. Se ofrece enseñanza que cuesta hasta 5.000 dólares. Da a entender que da "la capacidad para pasar a través de las paredes,... volverse invisible... [o] suspenderse en el aire y volar por el cuarto". Finalmente lleva a "verdadero dominio del cielo, volando a voluntad". Un matriculado expresó la esperanza de que "con el tiempo pasaría a través de las paredes", pero que la técnica que él desea más es omniconsciencia y conocimiento de otros planetas. Esto no está fuera de línea con la enseñanza fundamental de que la deidad está realmente dentro de cada hombre. Una palabra final en el informe señala que no se han dado todavía demostraciones y que los informantes están notablemente escépticos.[15]

[14] *Christianity Today*, Noviembre 1977, p. 56.
[15] *Time*, Agosto 8, 1977, p. 75.

GURU MAHARAJ JI Y LA MISION DE LA LUZ DIVINA

"No he venido a establecer una nueva religión. He venido a revelar la verdad."[16] Con estas palabras el joven guru se coloca a sí mismo en sucesión con Jesús, quien "dio conocimiento", y con Krishna, quien "dio conocimiento". En el libro intitulado ¿*Who Is Guru Maharaj Ji?* (¿Quién es el Gurú Maharaj Ji), impreso en 1973, el Guru es presentado como el ¡Señor Encarnado del Universo, el Perfecto! El es "la más grande encarnación de Dios que jamás haya pisado la faz de este planeta" (GMJ 9). Su padre, se dice, fue reconocido por millares de devotos indios como Satguru, el maestro viviente que revela el antiguo conocimiento del yo interno. Antes de su muerte en 1966, él ofreció "completa postración a los pies de loto de su hijo menor" (GMJ II). Maharaji Ji fue así el descendiente escogido del Satguru, "coronado con la corona de Tam y Krishna... para llevar el conocimiento al mundo " (GMJ 12).

La palabra clave en la enseñanza Guru es obviamente *conocimiento*. Es decir, conocimiento por el cual nosotros "podemos experimentar la infinidad dentro de nuestros propios cuerpos" (GMJ 17). Aparentemente esto es aproximar el antiguo Hindu Gyan Marg, o Camino de Conocimiento. Algunos dos mil discípulos entrenados, llamados "mahatmas", que significa "almas grandes", son capaces de trasmitir la "experiencia" a los buscadores sinceros de la verdad. Ellos enseñan cuatro técnicas de meditación interna conocida como "Luz", "Música", "Néctar" y "la Palabra". Una sesión de conocimiento usualmente dura como seis horas, y "realmente hay algo que ver, escuchar, paladear y sentir". Primero, "por la gracia del Guru Maharaj Ji", los devotos ven la Luz Divina, el "sol que está dentro de nosotros... más brillante que el sol que uno ve en el cielo". El "tercer ojo" es abierto, y la luz divina de la creación se ve "dentro de su cabeza". Conforme el devoto medita en esto, él "llega a ser uno con Dios". Debe mencionarse que el Guru iguala a Dios (Brahma) con energía pura y perfecta (GMJ 20, 21). Segundo, "en la sesión de Conocimiento se nos enseña cómo volver nuestro oído interno para experimentar una música verdadera, la esencia de cada sonido en el universo" (GMJ 21). Tercero, el Sabor del Néctar, el Río de la Vida, "es la 'ambrosía' o 'Fuente de la Juventud' que los exploradores han buscado viajando, sin saber que está adentro mismo de ellos". "Los santos avanzados y los yogas pueden vivir de néctar solamente, como Jesús lo hizo durante sus cuarenta días en el desierto (GMJ 22). La cuarta sesión trata con la Palabra, "vibración

---

16 Charles Cameron, ed., *Who Is Guru Maharaj ji?* (Nueva York: Bantam, 1973), p. 13 (citado en el texto y las notas como GMJ).

que suyace en todo lo que existe". "En sí misma y de sí misma esta Palabra es la única realidad, la 'primera causa' del universo. Del universo mismo." "Esto es la Palabra. Esto es Dios" (GMJ 23). Los detalles específicos respecto a recibir el "Conocimiento" no son relatados. En vez de eso, generalmente se declara que puede ser experimentado, no descrito plenamente. Es claro, sin embargo, que la fe en el Guru Divino y la dedicación a él son un requisito. El Conocimiento sólo puede ser trasmitido por el tacto. "Si usted no puede conseguir este conocimiento afuera", declaró el Guru, "venga a mí y yo se lo daré" (GMJ 249). Los devotos (llamados "premies", de la palabra hindú *prem*, que significa "amor") son aconsejados a meditar sobre la luz, la armonía, el néctar y la Palabra santa en un lugar tranquilo durante una hora en la tarde y una hora en la mañana. Son alentados a continuar asistiendo a las sesiones nocturnas que se tienen en cualquiera de los centros urbanos de información y a pasar tiempo en servicio para otros.

El movimiento de la Misión de la Luz Divina experimentó un continuo retroceso en 1975. La madre Guru, disgustada, según se decía, con el estilo de vida disoluto de su hijo, anunció que había quitado a Maharaj Ji como director del movimiento y concedido el título a uno de sus hermanos. A pesar de muy poca publicidad en años recientes, "los 1.2 millones de adherentes de la misión por todo el mundo han permanecido fieles al Maharaj Ji".[17]

HARE KRISHNA

"Una vez yo buscaba, pero ahora no busco más. Estoy completamente satisfecha con Krishna. Al cantar los nombres de Dios y vivir una vida libre de concupiscencia, finalmente llegaré a ser parte de Dios." Este testimonio de una atractiva muchacha estadounidense vestida de sari ilustra la enseñanza de lo que es llamado popularmente el movimiento Hare Krishna: la Sociedad Internacional para la Conciencia Krishna (ISKCON). Cantar los nombres de Dios, especialmente la "Personalidad Suprema de la divinidad, Señor Sri Krishna," es el regreso a nuestra "vida bienaventurada original". *Back to Godhead* (Regreso a la divinidad), la revista colorida del movimiento Hare Krishna, proclama una conexión esencial y radical con el Vedanta. Es "la única revista en el mundo occidental que presenta la ciencia trascendental autorizada de la realización de Dios, conocida solamente por la sucesión continua y disciplinaria de los santos de la India".[18]

---

[17] *Newsweek*, Marzo 8, 1976, p. 14.
[18] *Back to Godhead* no. 36, p. 2 (de aquí en adelante citado en el texto y las notas como BG).

Este movimiento es un ejemplo de la antigua manera de devoción hindú (el Mhakti Marg). De acuerdo con él, una deidad o manifestación de Dios se escoge para ser el único objeto de devoción o adoración. Krishna es realmente considerada una de las nueve encarnaciones del dios Vishnú, el Preservador, que es uno de los miembros de la gran tríada de dioses del hinduismo. Sin embargo, en ISKCON se piensa que "Krishna es la personalidad suprema de la Divinidad y la autoridad suprema en la Gita, y que él inicialmente entregó la Gita de modo que todas las personas pudieran alcanzar la perfección de la vida y ser liberadas de todo sufrimiento" (BG 36:2). Además dicen que "la conciencia Krishna es el proceso perfecto para resolver todos los problemas de la vida puede de inmediato terminar nuestra separación ilusoria de Krishna, el Señor Supremo" (BG 47:1). Krishna es la esencia de toda la existencia, y está presente dondequiera, hasta dentro del átomo y dentro del corazón de cada creatura viviente" (BG 47:1). Nuestra conciencia eterna de Krishna es cubierta por una nube de olvido. Esta nube es disipada por el canto del Mahamantra (el gran mantra). Este mantra, usado por todos los devotos es:

Hare Krishna, Hare Krishna,
Krishna, Krishna, Hare, Hare,
Hare Rama, Hare Rama
Rama, Rama, Hare, Hare

Todos los problemas son resueltos simplemente por cantar el Krishna.

Este es el mensaje del movimiento. Por singular y sencillo como puede ser, es un método de autopurificación por "absorción extática en la conciencia de Dios veinticuatro horas al día". El canto del mantra limpiará el corazón de todo "polvo y basura contaminados". "Canta el Hare Krishna y sé feliz", es un dicho repetido. Lo final, por supuesto, es "llegar a ser parte de Dios", como lo indica la joven citada antes. Esto es "autorrealización", el "restablecimiento de nuestra relación perdida con la Personalidad Suprema de la Divinidad" (BG 47:7). Debiera notarse que el nombre Rama cantado en la mantra indica el dios Rama del hinduismo. El es otra de las encarnaciones (avatares) del gran Dios Vishnu. Aparentemente, aparte de su inclusión dentro del mismo mantra, él recibe poca atención de los devotos Krishna.

El fundador y maestro espiritual del movimiento es conocido como Su Gracia Divina A. C. Bhaktivedanta Swami Prabhupada, un título reverencial por el que siempre se le llama. Pero él es "el representante de Krishna", una alma autorrealizada que "como todas las escrituras revelan, debe ser honrado tan excelsamente como el Señor Supremo y Todopoderoso, porque él es el servidor más íntimo del Gran Dios" (BG 36:26). La escritura principal de ISKCON es el Bhagavad Gita, en la que Krishna es la autoridad y vocero supremos. El Gita, la más popular de las escrituras hindúes hoy en día, está contenido dentro del voluminoso Mahabharata, una historia épica de una gran guerra en la larga historia de la India.

ISKCON es una variante de la usual invasión Vedántica del occidente en que venera a Srila Madhavacharya en lugar del honrado Shankaracharya. Shankaracharya aboga por la advaita, enseñanza monista y singular. "Madhavacharya siempre hizo hincapié en que Dios y el hombre son personalidades individuales separadas aun después de la liberación, y su filosofía es conocida como dvaita, o doble" (BG 36"3). No obstante, ISKCON incluye "la absorción en Dios," o "llegar a ser parte de Dios," como la realización más grande en la eternidad. Con referencia a una clase Bhagavad Gita, "se declara en El Néctar de la Devoción: las personas que son impulsadas por puro servicio devocional en Conciencia Krishna y que por eso van a ver las Deidades de Vishnu en el templo, seguramente serán relevadas de entrar de nuevo en la casa prisión del vientre de una madre" (BG 36:15). Esto es equivalente a una declaración de que la rencarnación ya no es necesaria. Uno se ha vuelto "parte de Dios".

Las vidas personales de los discípulos del Krishna son ejemplos de continencia disciplinada. Los hombres se afeitan su cabeza, excepto el *Chutiya* hindú, el copete de pelo usualmente pequeño en la parte trasera de la cabeza. Las mujeres usan los hermosos y modestos saris indios. La comida es estrictamente vegetariana, como en el hinduismo ortodoxo. La comida siempre es presentada primero a las deidades, y, ciertamente, cada actividad es "para el Señor Supremo". El sexo es dejado voluntariamente, excepto con el propósito de tener hijos en el matrimonio. La dedicación a Krishna es total.

Back to Godhead (Regreso a la divinidad), el título de la revista del movimiento, indica el propósito orgulloso. Arriba del nombre de la revista, en la cubierta principal de cada número, se declara la filosofía básica, "la Divinidad es luz, la nesciencia (ignorancia) es obscuridad. Donde hay Divinidad no hay nesciencia". El canto del nombre de Krishna dispersa la ignorancia y restaura al alma en la deidad.

Las vidas comunales de estos devotos jóvenes de esta forma de Bhakti-yoga son reguladas escrupulosamente. A las 3:30 de la mañana de un día promedio, los estudiantes son despertados por el canto del Hare Krishna. Cada día es llenado con actividad. Son notables el Sankirtan (canto público del Hare Krishna), la impresión de literatura escrita por el maestro espiritual y la adoración de la deidad en el templo. "Por su misericordia el Señor aparece en la forma divina de piedra o madera." Estos ídolos grotescos son "bañados, vestidos y alimentados" cada mañana a las 4:30, en ISKCON de Boston (BG 36:14). El partido Sankirtan usualmente continúa el "canto extático" y la distribución de conciencia Krishna a las entidades vivientes que han olvidado Krishna es un servicio mucho mayor que la obra de retacería del material para la obra de beneficencia, de altruismo, etc." (BG 36:17). Las publicaciones ISKCON son obra del fundador; principalmente son traducciones con explicación de escrituras hindúes relacionadas al Krishna. El formato usualmente presenta el texto en sánscrito, que es seguido por la trasliteración en letras romanas. Los sinónimos se explican, se da la traducción, y finalmente se da "el propósito" o enseñanza. La obra es ampliamente ininteligible para el lector promedio. Sin embargo, la gente es persuadida a comprar, motivada por las fervientes pláticas de ventas de los devotos. Los devotos se han hecho odiosos en numerosos lugares públicos por sus métodos de persuasión, a menudo considerados ilegales.

El fundador y maestro espiritual del movimiento, Swami Prabhupada, murió en 1978. Su deceso no ha provocado ningún cambio notable en las actividades de los devotos. El vestido hindú, sin embargo, aparentemente ha dado lugar a un estilo occidental más casual entre los que tienen deberes asignados relacionados con reuniones con el público en general.

OTROS MOVIMIENTOS BASADOS EN EL HINDUISMO

Hay otros numerosos movimientos basados en el hinduismo propagados con menos extravagancia en el Occidente. El Compañerismo de la Auto-Realización (SRF), fundado por Swami Yogananda, tiene cuarteles internacionales en la India. Tiene sus centros SRF en Europa y en los Estados Unidos. Su mensaje es esencialmente el de los otros mencionados. La verdadera felicidad es ofrecida conforme los discípulos "aprenden la naturaleza divina del ser". El método SRF es el Hindu Carma Marg, el Camino de las Obras. Las técnicas de concentración son impartidas solamente bajo juramento de que la información no será dada a otros.

La Sociedad Vedanta es un brazo de la Misión Rama Krishna. El que organizó este movimiento fue Swami Vivekananda, que hizo un gran impacto durante el Parlamento de las Religiones Mundiales en Chicago, en 1893. La Sociedad Vedanta también tiene centros por todo el mundo occidental, con más de una docena en los Estados Unidos. Cada centro es una unidad independiente y de sostenimiento propio, gobernada por sus miembros, con un monje a cargo. Usualmente él tiene el título tradicional de "Swami". Literalmente significa "señor", y el título significa que se ha sometido a entrenamiento y que ha obtenido la experiencia de iluminación, que es lo último en la enseñanza Vedantica. Generalmente no se hace publicidad, aunque la noticia de reuniones públicas se encuentra usualmente entre las noticias eclesiásticas de fin de semana en ciudades donde la sociedad opera. Habrá clases sobre los Upanishads y el Bhagavad Gita. El mensaje de la Sociedad Vedanta está completamente a tono con su nombre. Es decir, el mensaje está de conformidad con los libros clasificados como literatura védica. Brahman es la única realidad. Los hombres están atrapados en la ilusión de la ignorancia. Los Vedas dan el conocimiento que liberará al individuo de la servidumbre y lo lanzará al infinito.

Además de estos, hay los "swamis", "seres iluminados" que operan independientemente. El mensaje y las técnicas son esencialmente los mismos, con variantes que son siempre permisibles en el Vedanta. La concentración, la contemplación y la meditación con enfoque dentro de uno mismo: es *allí* donde está el *Poder*. Vaya más y más profundo dentro de su mismo ser, mida con plomada las profundidades de su propio ser interno, de la materia a la mente, y luego a la supermente. De esta manera alcanzamos la unión con lo divino. ¡Eso, de acuerdo con los sistemas místicos de Oriente, es Sat-Chit-Anand, que significa verdad, conciencia y bienaventuranza!

7

EL MOVIMIENTO NUEVA ERA

La historia nos cuenta que entre 2.500 y 2.000 a. de J.C., un pueblo alto, de piel clara, llamados arios, emigraron del Medio Oriente y se establecieron en los llanos fértiles del norte de la India. Con ellos, en embrión, vino la enseñanza que llegó a ser conocida como Vedanta. Este término descriptivo significa "el límite, o el fin, del conocimiento". Después se habló de él como de la Filosofía Perenne. Es la "religión eterna", considerada como sin edad, o "que se vuelve activa una y otra vez". Proveyó la base para la religión hindú, la más antigua de las religiones vivas en el mundo actualmente. La llamada religión Nueva Era es una forma ampliada y distorsionada de la Filosofía Perenne.

En realidad, las raíces de la filosofía Nueva Era se encuentran en el Jardín de Edén. En Génesis 3:4, 5 se registra que "la serpiente dijo a la mujer: Ciertamente no moriréis. Es que Dios sabe que el día que comáis de él, vuestros ojos serán abiertos, y seréis como Dios, conociendo el bien y el mal".

LA NUEVA ERA EN LA CULTURA OCCIDENTAL

La enseñanza hindú del movimiento de la Nueva Era fue trasplantada de la India por la Sociedad Teosófica en 1875. "Madame Blavatsky promovía el espiritismo, sesiones y filosofía hindú básica al tiempo que manifestaba un claro antagonismo hacia el cristianismo bíblico."[1] Su colega, la señora Annie Besant, sostenía que

> no hay otra vida que la suya, ninguna conciencia, ninguna otra voluntad... que la de Ishwara (Dios), y todo lo que él ha emanado. Encuéntrelo primero en su propio yo y entonces lo verá en todas partes. Esta es la Sabiduría Divina, la que llamamos Teosofía.[2]

---

[1] Walter Martin, *The New Age Cult* (Minneapolis: Bethany, 1989), p. 15.
[2] Annie Besant, "Popular Lectures on Theosophy," Horton Davies, *Christian Deviations*, 3a. rev. (Filadelfia: Westminster, 1972), p. 70.

La enseñanza antigua recibió impulso en 1893, cuando se realizó en Chicago el primer Parlamento Mundial de Religiones. Swami Vivekananda vino a representar a la India, pero particularmente a introducir la enseñanza veda al Occidente. De acuerdo con los informes, el hizo "una impresión profunda" y viajó por todo Estados Unidos dando conferencias sobre la enseñanza veda. Ganó muchos convertidos y estableció numerosos centros para el estudio del hinduismo filosófico. Además de éstos, swamis y gurus con estilo propio mantuvieron sus propios centros de enseñanza veda. También han proliferado organizaciones como la Meditación Trascendental, la Misión de la Luz Divina, Hare Krishna, y hasta la Cientología, además de herejías cristianas orientadas de manera extraña.

PRINCIPIOS FUNDAMENTALES DE LA NUEVA ERA

No hay nada nuevo en la Nueva Era, y no es un culto. No hay organización, ni absolutos, ni declaraciones de creencias, ni bosquejo de doctrina, ni sacerdocio, ni bien ni mal, ni Dios, ni juicio, ni responsabilidad, ni cielo, ni infierno, ni "realidad". De manera similar al hinduismo histórico, la Nueva Era no tiene fundador. Creció, por decirlo así, como de la nada.

Realmente, todo en el movimiento de la Nueva Era está incluido dentro de tres conceptos básicos de la enseñanza veda:

monismo   reencarnación   karma

MONISMO

<u>Toda realidad es un todo orgánico</u>. El monismo fue el gran descubrimiento de los sabios antiguos del hinduismo. El término *monismo* viene del griego *mono*, que significa único o solo," y se refiere a la doctrina de "que la realidad es un todo unitario orgánico sin partes independientes". ¡No hay dualismo absolutamente! Cualquier concepto de separación, o de entidades separadas, o de individualidad separada es solamente una fase de Maya, que significa "ilusión, irreal".

<u>Dios es todo lo que hay.</u> El monismo no debe ser confundido con el panteísmo, como se hace frecuentemente. El panteísmo —todo es dios— comunica la idea de que Dios está en todo, en todas las cosas, en todo lo de la naturaleza. El monismo sencillamente declara que Dios *es todo lo que hay*; no hay "cosas" individuales separadas.

La Ciencia Cristiana, como la Teosofía, sigue la enseñanza veda, declarando que "Dios es todo en todo; nada es materia."[3]

El panteísmo es común en la mayoría de las religiones primitivas y no fue el descubrimiento de los venerados sabios de la India.

Brahmán el Atman. El *Vedanta for Modern Man* (Vedanta para el hombre moderno), editado por Christopher Isherwood, erudito de la literatura veda, explica:

> Vedanta no es una filosofía dualista. Enseña que Brahmán (la realidad última detrás del universo fenomenal) es "uno sin par". Brahmán (Dios) está más allá de todos los atributos. Brahmán no existe; Brahmán es existencia; Brahmán no es consciente; Brahmán es conciencia. Brahmán es el Atman (la Naturaleza Eterna) de todo ser humano, criatura y objeto. La vida no tiene otro propósito que este: que aprendamos a conocernos a nosotros mismos por lo que realmente somos; que rechacemos la personalidad-yo que declara que "yo soy el señor Pérez; yo soy diferente del señor Castaño", y sepamos en lugar de eso que "yo soy el Atman; el señor Castaño es el Atman; el Atman es Brahmán; no hay nada en ninguna parte sino Brahmán; todo lo demás es apariencia, transitoriedad e irrealidad".[4]

<u>El hombre es divino.</u> Este concepto es el criterio de que el hombre, en su naturaleza real, es divino. No hay lugar para "chispas de lo divino". El Upanishads es una Escritura básica en hinduismo antiguo.

> La meta última del Upanishads es mostrar el camino a la liberación por... el conocimiento intuitivo de Brahmán, en que todas las distinciones entre el hacedor, el resultado de la acción y el instrumento de la acción, y también entre el yo corpóreo, el universo y la realidad última sean completamente borradas.[5]

En este volumen de escritos sagrados, las palabras recurrentes son, "Ahora, eso que es la esencia sutil —en ello todo lo que existe tiene su ser. Eso es la verdad, eso es el ser. Eso eres tú."[6] Se dice que Shirley MacLaine ha citado mal el Salmo 46:10 para que diga: "Estad quietos y reconoced que vosotros sois Dios."

3 Mary Baker Eddy, *Science and Health, with Key to the Scriptures* (Boston: Depositarios del testamento de Mary Baker Eddy, publicado por primera vez en 1875), p. 113, líneas 16, 17.
4 Christopher Isherwood, ed., *Vedanta for the Modern Man* (Nueva York: Collier, 1951), p. 9, introducción.
5 *The Upanishads*, trad. y ed. Swami Nikhilananda (Nueva York: Harper, 1964), p. 281.
6 *The Upanishads*, pp. 335, 336.

El hombre vive en ilusión. El hombre, sin embargo, es ignorante de su propia naturaleza; él vive en Maya, que es ilusión. El que se dice ser el libro (hindú) religioso más popular en la India es La Celestial Canción (Bhagavad Gita) de Krishna. Enseña que el alma del hombre es inmortal, una parte de la creación sin principio y sin fin.

> Ni yo, ni tú, ni ninguno de estos,
> Jamás no fue, ni jamás no será.
> Todo lo que vive, vive siempre.
> Lo que es
> Nunca puede dejar de ser; lo que no es
> no existirá.[7]

Dios no es un individuo. Dios es una forma de energía, una forma absoluta, síquica, instantánea, siempre en expansión. El libro *Seth Speaks* (Set habla) fue, según se dice, la obra de la "personalidad" que ha dictado más de 6.000 páginas sobre "¡el universo más allá de los cinco sentidos!" Set es una entidad extraterrestre que se comunica por medio de Jane Roberts, la encauzadora. Describe a Dios como "multidimensional; un creador, no de un universo físico sino de una variedad infinita de existencias probables, más que la suma de todos los sistemas probables de realidad que él ha creado, y sin embargo, él está dentro de cada uno de estos sin excepción. Por tanto, él está dentro de cada hombre y mujer. También está dentro de cada araña, sombra y rana, y esto es lo que al hombre no le gusta admitir."[8]

Walter Martin cita de Benjamín Creme, que escribe: "En un sentido no hay tal cosa como Dios. Dios no existe. Y en otro sentido, no hay nada más sino Dios; sólo Dios existe. Y porque todo es Dios, no hay Dios."[9]

La "fuerza divina" mantiene unida la creación. En su libro *Out on a Limb* (En la orilla) Shirley MacLaine discute el principio científico de que el átomo es un sistema planetario en miniatura. "La fuerza en acción que actúa como elemento cohesivo es llamada una fuerza divina. La fuerza es la fuente final que mantiene junta toda la creación." Esta fuente "llena y organiza toda la vida. Es el principio y el fin; el Alfa y la Omega; es el Dios de la Creación y está mucho en NOSOTROS. El alma es una acumulación de unidades de energía. Tiene su propio libre albedrío y cuando su cuerpo acompañante muere, simplemente se individualiza hasta que hace su

---

[7] J. B. Noss, *Man's Religions* (Nueva York: Macmillan, 1956), p. 238 (Gita 2:11-20).
[8] Jane Roberts, *Seth Speaks* (Englewood Cliffs, N. J.: Prentice Hall, 1972), p. 245.
[9] Martin, p. 25.

decisión kármica en cuanto a cuál nueva forma la albergará. Esto es lo que llamamos reencarnación. De aquí la vida después de la muerte. De aquí la vida antes del nacimiento".[10] *Cada individuo tiene un ser superior.* Estos seres superiores están a la par con seres extraterrestres, aunque cada uno está relacionado inseparablemente con su persona. La relación no sólo es inseparable, sino eterna: Los seres superiores aparentemente cooperan con otras entidades extraterrestres en ayudar a personas corpóreas. Durante una sesión con su acupunturista espiritual, Shirley MacLaine vio su ser superior. Extractos de su conversación, registrados en *Dancing in the Light* (Bailando en la luz), de MacLaine, sirven para señalar la relación. MacLaine habla primero, dirigiéndose a "un ser humano muy alto, casi andrógino, abrumadoramente confiado... de más de... siete pies de altura,... más masculino que femenino".

—¿Quién eres tú?...
—Yo soy tu ser superior ilimitado...
—¿Realmente estás allí?...
—Sí,... siempre he estado aquí. He estado aquí contigo desde el principio del tiempo. Yo nunca estoy lejos de ti. Yo soy tú. Soy tu alma ilimitada. Soy el tú ilimitado que te guía y te enseña a través de cada encarnación.

....
—Entonces, ¿por qué me pareces tan masculino?...
—Sólo parezco más masculino que femenino porque soy poderoso...

....
—Entonces, ¿cuál es la diferencia entre tú y Dios?...
—Ninguna... Yo soy Dios, porque toda la energía está conectada de la misma fuente. Todos somos parte de Dios. Todos somos reflejos individualizados del Dios fuente. Dios es nosotros y nosotros somos Dios.
—¿Y tú eres yo?
—Precisamente.[11]

El ser superior vive en el tiempo holográfico. Puesto que todos hemos experimentado muchas encarnaciones (desde el principio del tiempo), el Ser Superior ilimitado examina el plano de la historia del alma. El Ser Superior tiene rememoración total y memoria perfecta. Está en contraste con el tiempo lineal, en que el hombre vive mientras está "sobre la tierra". Está limitado al tiempo y al espacio.

---

10 Shirley MacLaine, *Out on a Limb* (Nueva York: Bantam, 1983), pp. 326, 27.
11 MacLaine, *Dancing in the Light* (Nueva York: Bantam, 1983), pp. 350-54.

El Ser Más Elevado es andrógino (varón y hembra). Hay un equilibrio perfecto entre la energía positiva (el Yang del taoísmo) y la energía negativa (el Yin del taoísmo). *Las entidades extraterrestres son almas que han vivido muchas vidas.* Ellas prefieren estar descarnadas (sin un cuerpo de carne) para el tiempo presente para poder ministrar a los que están en el cuerpo.

REENCARNACION Y KARMA

Estos dos conceptos, vistos contra el trasfondo del monismo, explican la vida como el hombre la ve. ¿Por qué hay una brecha tan grande entre la comodidad y el lujo de una parte del mundo y la pobreza del otro? Karma y reencarnación dan la respuesta.

Reencarnación. La reencarnación también es conocida como transmigración. El alma individual ha llegado a estar separada de su Fuente. Esto parecía haber sido aceptado como un hecho en siglos pasados, pero es explicado por el Ser Superior a MacLaine.

Las almas individuales llegaron a separarse de la vibración más elevada en el proceso de crear varias formas de vida. Seducidas por la belleza de sus propias creaciones llegaron a quedar atrapadas en lo físico, perdiendo su conexión con la Luz Divina. El pánico fue tan severo que creó un campo de batalla conocido por nosotros como el bien y el mal. El Karma, es decir, causa y efecto, llegó a ser como un baño, un medio, un método, para eliminar eventualmente los conceptos artificiales de bien y mal. Este es un proceso que permite a cada alma experimentar cada condición humana como el sendero de regreso a la espiritualidad completa y a la eventual reunión con la fuerza Dios.[12]

La reencarnación se enseña en las religiones primitivas, aunque en términos menos explícitos. En la tradición hindú y budista los cuerpos usados en este esperanzado regreso cuesta arriba a la divinidad no siempre son humanos. Pueden ser animal, pez, ave, insecto o ciertamente cualquier forma de vida. Los Upanishads del hinduismo citados anteriormente afirman que "los que son de conducta agradable aquí tienen la probabilidad de entrar a una matriz agradable. Pero los de conducta apestosa tienen la probabilidad de entrar o a la matriz de un perro, o a la matriz de un puerco, o a la matriz de un paria".[13]

Esto indica que los pasos progresivos de logro no están garantizados. Pueden ser, y probablemente lo son, regresiones. El número

[12] *Ibíd*, pp. 354, 55.
[13] Noss, p. 135.

de reencarnaciones puede sumar millones. Esto es determinado por la ley inexorable del karma.

La experiencia final es llamada autorrealización, ilustración o iluminación. El alma individual alcanza el fin de la persistencia de la reencarnación, y entra en la interminable libertad del exigente control del karma. Para el hindú, esto es como "una gota de agua en medio del oceano". En el budismo es llamado nirvana, el "lugar de paz sin pasión". Gautama llegó a ser el "Buda", el "iluminado". Sus últimas palabras fueron: "He vivido la vida más resplandeciente. Mi tarea está cumplida. Para mí no hay renacimiento." Esta es la meta final del seguidor conocedor de la Nueva Era.

La ley del Karma. Karma es la ley de la realidad, o la ley de la causa y efecto. Es un Poder, o Fuerza, inexorable, implacable, impersonal y que controla todo. Cualquiera y todas las decisiones que un individuo puede hacer ya están predeterminadas por su Karma acumulado. Usted es lo que es y está donde está por causa de lo que hizo en encarnaciones anteriores. Esto incluye el lugar de su nacimiento, las circunstancias en las cuales nació, y hasta los padres que tuvo.

Se nos dice que "el cuerpo recuerda todo. La impronta del alma está en cada célula del cuerpo. Llevamos la memoria a cada encarnación y esos recuerdos necesitan ser resueltos y aclarados si vamos a proseguir a una ilustración más elevada."[14] Y, por supuesto, nuestra acumulación kármica está creciendo durante nuestra vida presente. Sin embargo, por extraño que parezca, al leer los libros de la Nueva Era, el lector no se impresiona con ninguna exhortación a una vida limpia, Karma para lo contrario, no obstante.

Puede añadirse que MacLaine escribe de haber visto visiones de sus propias reencarnaciones anteriores. Incluidas en sus visiones había algunas relativas a su madre y padre y a otros conocidos. Ella las vio mientras estaba en sesión con su acupunturista espiritual, ayudado por sus propios Seres Superiores, guías espirituales o entidades extraterrestres. Set, el escritor extraterrestre, trata con la obra accesoria del Karma conforme el alma pasa de un cuerpo a otro. A través de su encauzadora, Jane Roberts, esta personalidad escribió *Set Speaks* (Set habla) y otros tomos. La entidad también menciona varias de sus experiencias de reencarnación previas.

LA NUEVA ERA EN LA PRACTICA

Los escritos de la Nueva Era hacen hincapié en que no hay muerte, que el hombre es Dios, y que el conocimiento del ser es salvación y poder.

---

14 MacLaine, *Dancing in the Light*, p. 325.

Definir la práctica de la Nueva Era es imposible, porque no hay nada definido. Bajo la sombrilla del monismo, de la reencarnación y del Karma no hay reglas ni direcciones de vida. El rechazamiento de los absolutos abre la puerta a "todo se vale". Las acciones o delitos de uno siempre pueden ser atribuidos a su Karma acumulado. El Karma es el dictador, como ya se ha hecho notar. La moral no presenta ningún problema. Aparentemente la posibilidad de una relación en una vida o vidas previas da permiso para empeñarse en una relación en esta reencarnación que de otra manera sería inmoral.

La aventura amorosa de Shirley MacLaine con su amante Vassy fue dilucidada por este medio. Uno de sus libros relata una larga aventura amorosa con un miembro del Parlamento británico, un hombre casado con una hija adolescente. No hay evidencia de conciencia moral, ninguna conciencia de mal, pero sí hay una mención de una sucesión de parejas sexuales. Tal vez esta es la razón de que muchos evangélicos aparentemente la hacen a un lado como si ella no tuviera consecuencias. Sin embargo, ella ha sido llamada la "remolino derviche reinante de la Nueva Era", "la profetisa de la Nueva Era". Las ventas de sus libros habían alcanzado ocho millones de copias para 1987. Sus programas especiales de televisión alcanzan a millones más, y los testimonios de los que miran indican que ella es una abogada de las creencias de la Nueva Era que no tiene pelos en la lengua.

No hay adoración en la Nueva Era, sencillamente porque no hay nadie o nada a qué adorar. Sin embargo, las entidades extraterrestres juegan un gran papel en la vida de la Nueva Era, y se establece contacto con ellas mediante los encauzadores en trance. Debe añadirse que los comentarios anteriores respecto a las normas morales no implican que todos los seguidores de la Nueva Era son necesariamente inmorales o promiscuos. Sin embargo, al hacer a un lado todas las restricciones que están incorporadas en las creencias religiosas o espirituales, cualquier impulso hacia una moral estricta es mínimo.

ENCAUZADORES EN TRANCE O ENCAUZANDO AL ESPIRITU

La comunicación con las entidades extraterrestres parece ser una de las actividades principales de los seguidores de la Nueva Era. Los canales, o encauzadores, son los mediums por los cuales se establece contacto con esos espíritus extraterrestres guías. El proceso se aproxima al de los mediums del espiritismo histórico. "El encauzador entrega el control de sus capacidades perceptivas y cognoscitivas a una entidad espiritual con el intento de recibir información paranormal."[15]

Condenada en la Biblia. La Biblia es consistente al condenar la obra de los encauzadores en trance cuando se comunican con sus espíritu guías. En Exodo 22:18 a los insraelitas se les ordena: "No dejarás que vivan las brujas." Un mandamiento similar aparece en Levítico 20:27: "El hombre o la mujer en quien haya espíritu de los muertos o que sea adivino morirá irremisiblemente." La experiencia trágica de Saúl, el primer rey de Israel, es evidencia suficiente (1 Sam. 28). Las experiencias del apóstol Pablo eran iguales. El echó el demonio de "una joven esclava", según esta asentado en Hechos 16:16-18, y reprendió a un hechicero en la isla de Chipre llamándolo "hijo del diablo" y "enemigo de toda justicia" (Hech. 13:6-10). Deuteronomio 18:10-12 es particularmente explícito: cualquiera que consulte a los espíritus es abominación al Señor.

Muchos están activos hoy. La lista de encauzadores actuales es larga. Brooks Alexander, en su excelente librito *Spirit Channeling* (Encauzadores espirituales) indica que "se estima que más de 1.000 cauces activos practican en la zona de Los Angeles solamente. California (del sur) puede ser 'la tierra de un millar de cauces', pero es solamente una versión enfocada de lo que está sucediendo más difusamente en otros lugares."[16] Se estima que esto muy bien puede ser por tantas celebridades, las llamadas estrellas de la escena, la pantalla y la TV que han dado testimonios públicos de sus espíritus guías.

Naturaleza de las actividades extraterrestres. Las entidades extraterrestres, o espíritus guías, realmente son almas descarnadas que, en su mayoría, han vivido muchas vidas. Presumiblemente, habiendo obtenido iluminación, han decidido ser sin cuerpo para ministrar a los que están en el cuerpo. No son diferentes de los bodhisattvas del budismo. Estos, habiendo alcanzado iluminación, escogen no entrar al nirvana sino regresar a la tierra para ayudar a las almas que están todavía en la rueda del Karma.

Encauzadores actuales. Un artículo de la revista *Time,* "Armonías de la Nueva Era" (diciembre 7, 1987), sugiere que "probablemente la más celebrada de todos los encauzadores actuales es J.Z. Knight, una elegante ex ama de casa en Yelm, Washington, que ha actuado para millares al precio de 150 dólares por cada sesión. Ella habla de Ramtha, un guerrero de 35.000 años de edad que informa que una vez él vivió en la Atlántida. El ha dictado un libro, *Yo Soy Ramtha,* que fue publicado por Beyond Words Publishing

---

15 Martin, p. 125.
16 Brooks Alexander, *Spirit Channeling* (Downers Grove, Ill.: InterVarsity, 1988), p. 7.

(Publicaciones más allá de las palabras)."[17] (El nombre Ramhta aparentemente incorpora el reclamo de que esta entidad fue, en una encarnación previa, nada menos que el dios Ram, o Rama. Ram era, en el hinduismo, una de las encarnaciones de Vishnu.) Esta entidad fue hecha pública en el programa de Merv Griffin en octubre de 1985. Cuando se le preguntó: "¿Cuál es su mensaje más importante que quiere que todos escuchen en este planeta?", Ramtha contestó a través de su encauzador: "Lo que es llamado Dios está dentro de vuestro ser, y lo que es llamado Cristo está dentro de vuestro ser. Y cuando sepáis que sois Dios, encontraréis gozo."[18]

Seth Speaks (Set habla) es "un libro completo por la personalidad que ha dictado más de 6.000 páginas sobre el universo más allá de los cinco sentidos".[19] Set es la entidad extraterrestre, Jane Roberts la encauzadora. Conforme dicta, el primer capítulo es intitulado Yo no tengo un cuerpo físico, sin embargo, estoy escribiendo este libro. En la introducción Jane Roberts escribe que su iniciación síquica empezó cuando escribía poesía una tarde en 1963. Repentinamente su conciencia dejó su cuerpo; "al regreso" ella descubrió que sus manos habían producido un escrito automático. Más tarde, ese año, ella y su esposo estaban experimentando con una tabla Ouija cuando una personalidad llamada Set empezó a formar mensajes. No mucho después ella entraba fácilmente en trance y Set miraba a través de sus ojos y hablaba a través de sus labios. Conforme Set dictaba, el esposo de Jane, Robert F. Butts tomaba notas al pie de la letra en taquigrafía. El libro Seth Speaks (Set habla) es el producto de unas 594 sesiones tenidas en el transcurso de siete años por Set y la encauzadora. Se han impreso otros libros que se atribuyen a Set.

El artículo de Time sigue mencionando otros encauzadores en trance. Jack Pursel, un antiguo agente de seguros de Florida que ahora vive en Los Angeles, "tuerce la mirada y habla con la voz de Lázaro, una entidad espiritual de origen incierto". Lázaro ha hecho a Pursel muy rico.[20]

Jo Ann Karl, señala Time, obtiene 15 dólares por cliente por encauzar al ángel Gabriel y a un espíritu llamado Ashtar. La característica de ella es que una vez estuvo casada con San Pedro y viajó ampliamente con Jesús. Más tarde en esa vida fue crucificada y arrojada a los leones después de ser violada y puesta en el cepo.[21]

---

[17] Otto Friedrich, "New Age Harmonics," Time, Diciembre 7, 1987, p. 66.
[18] Alexander, p. 20.
[19] Roberts, cubierta frontal.
[20] Friedrich, p. 69.
[21] Ibíd.

OTRAS ACTIVIDADES DE NUEVA ERA QUE ABSORBEN PODER

Además de la actividad de multitud de encauzadores que facilitan la comunicación con entidades extraterrestres, hay muchas facetas que se han desbordado de religiones primitivas que son utilizadas para equiparse u obtener energía de las regiones astrales. Eso sería de la zona de los cielos, bajo el control del príncipe de la potestad del aire (ver Ef. 2:2).

Se nos dice que las tiendas de la Nueva Era están abarrotadas de reliquias, objetos sagrados, campanas tibetanas, runas vikingas, vigorizantes solares y velas de colores.[22] Esas son reminiscencias del animismo, o religiones primitivas. El poder sobre todo está en mana, la energía que llena todo el mundo. Este no es el maná de las peregrinaciones de Israel bajo Moisés. Entre las religiones primitivas, este mana designa una fuerza oculta o poder residente, que se encuentra en todas partes y en todo. Esto se relaciona con el fetichismo, que usa el poder residente que está en las cosas inanimadas, objetos de cualquier clase, de formas extrañas, o cualquier cosa rara, sea natural o manufacturada. Cualquier objeto extraño se presume que tiene más mana y entonces es benéfico para cualquier necesidad. Shamans, doctores brujos, curanderos y demás, utilizan esto en sus prácticas. Y esto es la Nueva Era como es practicada por algunos adherentes.

El uso de cristales parece estar particularmente extendido. Se cree que contienen poderes sanadores y vigorizantes increíbles. "Los cristales a menudo son elogiados como capaces de restaurar el flujo de energía en el cuerpo humano.[23] Los cristales, se dice, ayudaron a inspirar a Shirley MacLaine para escribir nuevos libros "best sellers". "A ella se la ve ministrando a 1200 fieles en el salón de baile del New York Hilton al confortante acompañamiento de campanas de cristal y de caídas de agua distantes. Ella dirige en meditación, con un considerable cristal colgando de su cuello."[24] Un joven es retratado contemplando una gran pedazo de cristal con esta nota al calce: "El cristal capta los primeros rayos del amanecer en Black Hills, Dakota del Sur, durante la 'convergencia armónica'."[25] El cristal es un cuarzo claro, transparente, o un vidrio claro, brillante. Debe recordarse que las bolas de cristal eran usadas extensamente por los mediums, llamados contempladores de cristal en generaciones

---

22 *Ibíd.*
23 Martin, p. 126.
24 Friedrich, p. 72.
25 *Ibíd.*

pasadas, y están asociadas con el mismo tipo de profesionales en esta generación.

El llamado movimiento de la Nueva Era es ilimitado en su aceptación del misticismo oriental básico, pero ha ido más allá de la sabiduría de los antiguos: superstición, creencias y prácticas primitivas o paganas, supermisticismo, ocultismo, brujería, con un fuertemente enfático rechazamiento del cristianismo. Es notablemente anticristiano en su blasfemia de Dios el Padre y el Hijo, el Señor Jesucristo. Sin embargo, a través de mucha de la enseñanza desorganizada y sin relación hay una expectación de alguna manera común de la llegada de la Nueva Era, la Era de Acuario.

LA NUEVA ERA EN COMPAÑIAS DE NEGOCIOS Y EN LA EDUCACION

Contacto en los negocios. La revista Time mencionada antes sigue enumerando actividades que promueven la agenda de la Nueva Era, aunque pueden evitar la etiqueta de Nueva Era. El Centro Abierto de la Ciudad de Nueva York opera con un presupuesto de 1.7 millones de dólares y matricula a 3.000 estudiantes en unos 250 talleres y cursos de uno y dos días sobre temas tales como "Aspectos de la Práctica Zen", "Kung Fu Interno", y "Simbolismo de Jung en la Astrología."

Innovation Associates de Framingham Massachusetts cobra 15.000 dólares por un seminario de cuatro días diseñado para fortalecer el compromiso de los ejecutivos a un propósito común.[26] Una pequeña firma de la ciudad de Nueva York, llamada Hoy, Powers & Wano está usando la meditación, la imaginación y técnicas de pensamiento intuitivo para instilar más creatividad y liderazgo en unos cuatrocientos gerentes y ejecutivos de compañías.

Tal vez la más sorprendente es Sports-Mind, Inc., de Seattle. Los clientes actuales incluyen a A.T. & T. y el ejército de Estados Unidos. En 1987 se informó que los resultados del puntaje de entrenamiento eran aparentemente tan buenos que el ejército extendió el contrato con Sports-Mind a un programa de 350.000 dólares por un año completo para ayudar a entrenar a los boinas verdes. Se les enseñaron técnicas de meditación para que pudieran pasar largas horas escondidos en territorio enemigo. "La gente dice que toda esta cosa de la Nueva Era es un montón de basura, pero da resultados."[27]

En *The Wall Street Journal* de enero 9, 1989, viene una noti-

---

[26] *Ibíd.*, p. 69.
[27] *Ibíd.*

cia informando que "el floreciente uso de programas de entrenamiento de la llamada Nueva Era en el trabajo está produciendo abundantes demandas legales de los empleados con objeciones religiosas y filosóficas". Los programas descritos como de la Nueva Era varían grandemente, tomando desde misticismo oriental hasta pensamiento positivo. Algunos incluyen métodos tradicionales de entrenamiento administrativo en la comunicación y cooperación. Otros usan medicamentos e hipnosis.

Contacto en la educación. Douglas R. Groothuis en *Unmasking the New Age* (Desenmascarando la Nueva Era) escribe para alertar a los cristianos en cuanto a la presente infiltración de preceptos y prácticas de la Nueva Era en todos los niveles de educación. "Imagínese 25 alumnos normales de quinto grado echados en silencio en el piso de su salón de clases, siendo dirigidos mediante la meditación para imaginar que el sol brilla hacia ellos, y tratando de traer el sol dentro de sus cuerpos, y sentir su calor, poder e iluminación. Se les recuerda que son 'inteligentes, magníficos', y que ellos 'tienen dentro de sí mismos toda la sabiduría del universo'."[28] Beverly Galyean, el diseñador de este programa, escribió: "Una vez que empezamos a ver que todos somos Dios, que tenemos todos los atributos de Dios, nos remontamos a esa antigua y esencial unicidad que es la conciencia."[29] Debe observarse cuidadosamente que todos los niveles de educación están siendo invadidos por esta enseñanza anticristiana.

LA ERA DE ACUARIO

Acuario es el séptimo signo del zodiaco. Los astrólogos dicen que la era de Acuario se caracteriza por una nueva atmósfera religiosa. Parece haber una diferencia de opinión en cuanto a su tiempo, pues algunos dicen que ya estamos en la era de Acuario y otros creen que se cumplirá para el año 2062. La última idea sugiere que la era realmente no estará sobre nosotros hasta esa fecha. Walter Martin define una era con duración de 2000 a 2400 años. Ahora estamos en la era de Piscis, pero moviéndonos a la asociada con Acuario. La era de Acuario supuestamente estará caracterizada por un elevado grado de conciencia espiritual o cósmica.[30] Será el tiempo del cumplimiento de ideales de la Nueva Era, o la liberación de la mente. Será un tiempo de amor y luz, una era de un punto de vista equilibrado que combina el Yang (masculino) con el Yin (femenino)

---

28 Douglas R. Grootuis, *Unmasking the New Age* (Downers Grove, Ill.: InterVarsity 1986), p. 13.
29 *Ibíd.*, p. 14.
30 Martin, p. 123

como en el taoísmo chino. En esa era nos moveremos hacia Dios el Padre y seremos nutridos por la diosa madre. En otras palabras, la era de Acuario será un tiempo de energía femenina, como la era actual es un tiempo de energía masculina.

UNA MENTE SUPREMA INAUGURARA LA ERA DE ACUARIO

Groothuis escribe que "visionarios como Teilhard de Chardin y Sri Aurobindo profetizaron una nueva conciencia que sobrepasará hasta la pasada experiencia del Uno para todos".[31] Teilhard era un filósofo francés jesuita cuyos conceptos heréticos fueron rechazados por la jerarquía católica romana. Aurobindo era un místico hindú muy respetado. Ambos hablaban de la venida de una supermente a la conciencia planetaria, una era de alumbramiento.

La atención se enfoca en varios puntos relacionados. (1) Los hindúes anticipan la venida de otro avatar, tal vez el décimo de Vishnu, el Preservador. Un avatar es una incorporación, o encarnación. Vishnu es un miembro de la tríada hindú, considerada como un ejemplo perfecto de amor simpático, divino. En la India la gente habla de la venida del nishpap, o nishkalank, avatar. El será impecable, sin mancha, como nadie ha sido. (2) Los musulmanes esperan la venida de Al Mahdi. (3) Los judíos ortodoxos entendieron que los profetas del Antiguo Testamento hablaban del Mesías que viene a reinar sobre toda la tierra. (4) Los cristianos esperan ansiosamente la segunda venida de Cristo. Sin embargo, el favorecido sobre todos los otros es (5) Maitreya, la quinta encarnación de Buda. Su advenimiento es esperado históricamente por muchos budistas.

Su llegada y manifestación estará asociada con el fin de la era de Piscis, obscura y violenta, y con la inauguración de la era de Acuario, "la muy esperada era de paz universal, y gozo, un milenio de amor y luz".[32] Estas últimas palabras fueron atribuidas a Marilyn Ferguson, autora de *The Aquarian Conspiracy* (La conspiración de Acuario) y una voz fuerte en la promoción de la Nueva Era. Aparentemente ella es la que escogió el nombre para esta nueva era de amor y luz.

LA INMINENCIA DE LA VENIDA DE ESTA SUPERMENTE

¿Es considerada como inminente la venida de esta supermente? "Millones alrededor del globo despertaron a una gran sorpresa el 25 de abril de 1982... Anuncios desplegados de página completa

---

Groothuis, p. 51.
Texe Marrs, *Dark Secrets of the New Age* (Westchester, Ill.: Crossway, 1987), p. 138.

proclamaban osadamente, 'EL CRISTO ESTA AHORA AQUI'."[33] El cuerpo del anuncio declaraba: "LORD MAITREYA, conocido por los cristianos como el Cristo. Como los cristianos esperan la segunda venida, así los judíos esperan al MESIAS, los budistas al QUINTO BUDA, los musulmanes al IMAM MAHDI y los hindús esperan a KRISHNA. Todos esos son los nombres de un individuo. Su presencia en el mundo garantiza que no habrá tercera Guerra Mundial."[34]

Este desplegado de página completa se dice que fue puesto en periódicos "de Roma a Jerusalén, de Kuwait a Karachi, y de Nueva York a Los Angeles, en más de 20 ciudades principales, una campaña de avisos de más de 500,000 dólares".[35] El autor antes citado sigue informando que "Lucius Trust, anteriormente Lucifer Trust, puso anuncios en el *Reader's Digest,* que despliegan la gran invocación a Maitreya. Esa gran invocación se refiere a El Plan. Dice, 'que la Luz, el Amor y el Poder restauran El Plan sobre la tierra.'"[36]

¿Hay un plan organizado de alcance mundial? ¿Realmente hay una organización internacional que opera para establecer los llamados preceptos y prácticas de la Nueva Era entre todos los pueblos, a todos los niveles de la sociedad, a todas las culturas; un plan para contrarrestar todas las creencias religiosas existentes, todas las costumbres morales existentes, todos los patrones de sociedad, y para traer a todos en subordinación a los pies de Maitreya? ¿O es este movimiento de la Nueva Era simplemente el rugir inconexo, usualmente sin relación, de gente en el hemisferio occidental que está completamente disgustada con la corrupción general en el gobierno y la inmoralidad e ilegalidad entre ricos y pobres en todas partes? Las opiniones difieren. La Biblia, sin embargo, nos recuerda fuertemente que seamos conscientes del "príncipe de la potestad del aire, el espíritu que *ahora* actúa en los hijos de desobediencia" (Ef. 2:2; cursivas añadidas).

La imagen compuesta es alarmante. La Nueva Era no es una secta; es un movimiento. Su característica no es el precepto, sino la práctica. Su base fundamentalmente es el rechazamiento, rechazamiento del Dios Todopoderoso, de su eterno Hijo, Jesucristo, y del claro mensaje de su Palabra santa e inspirada, la Biblia.

---

33 Constance Cumbey, *The Hidden Dangers of the Rainbow* (Shreveport, La.: Huntington, 1983), p. 13.
34 *Ibíd.,* p. 14
35 *Ibíd.,* p. 13
36 *Ibíd.,* p. 20.

8

CIENTOLOGIA

La cientología es un método occidental del siglo veinte que se propone alcanzar el objetivo buscado por los sabios de la antigua India. El método es definido como "una exploración de tierra desconocida, la mente humana, esa región inmensa y hasta ahora desconocida que está una pulgada detrás de nuestra frente".[1] Declarando que tiene unos quince millones de miembros, la cientología es una consecuencia o desarrollo de un estudio llamado dianética, iniciado por L. Ronald Hubbard.[2] Dianética significa "razonamiento discursivo", o sencillamente, "relativo al razonamiento". Esta definición distingue inmediatamente la enseñanza como edificada sobre el razonamiento del hombre para rectificar su pasado y determinar su futuro.

El libro de Hubbard, *Dianetics, the Modern Science of Mental Health* (Dianética: la ciencia moderna de la salud mental) fue publicado en 1948. El autor había sido un líder o miembro de cuatro expediciones antropológicas entre pueblos primitivos, oficial de la marina de guerra en la Segunda Guerra Mundial y escritor de imaginativas aventuras de ciencia ficción para revistas populares. Como un adelanto sobre su teoría de dianética, él "elaboró una teoría que atribuye aberraciones mentales a las impresiones prenatales, o 'engramas', recibidas por el embrión en la matriz".[3]

La cientología se propone descubrir y erradicar problemas prenatales, compulsiones e inhibiciones que se han acumulado en el alma durante las vidas pasadas. Presumiblemente, el resultado será la restauración del individuo a la completa autodeterminación del tiempo presente, y la continua libertad de esos problemas en el estado futuro.

---

1 Omar Garrison, *The Hidden Story of Scientology* (Londres: Arlington, 1914), p. 20.
2 Hubbard murió el 24 de enero de 1986 en San Luis Obispo, California, a la edad de 74 años.
3 Bryan Wilson, *Religious Sects* (Nueva York: McGraw-Hill, 1970), p. 163.

Una simple explicación de la filosofía religiosa veda o hindú aclarará este pensamiento. Según las antiguas escrituras vedas (hindúes), el alma individual, llamada "gotita" por algunos, de alguna manera se separó del alma del mundo, el infinito. En una sucesión de vidas o encarnaciones, esta gotita se esfuerza por ser absorbida en el infinito, la única realidad. En este proceso de edades, la ley inexorable del Karma demanda que cada buena obra sea recompensada y cada mala obra castigada (a la ley de las obras se le llama Karma). De esta manera, todas las obras (buenas o malas) de vidas anteriores son equilibradas por recompensas o sufrimiento en la vida presente, o en vidas futuras.

La cientología imita esta filosofía veda, pero procura un atajo para el proceso kármico por medio de alcanzar la aberración original (llamada "engrama"), que presumiblemente inició todo el proceso de encarnaciones y reencarnaciones. Al tratar con el mal original, el alma se vuelve "pura", en libertad para seguir cosas mejores, sin adherencias dañinas que la restrinjan o detengan.

Esto es equivalente a la iluminación buscada por los sabios hindúes de la antigua India, o por los salvadores del mundo del budismo. Las únicas partes nuevas son la metodología y la terminología. Además, el método de la cientología toma mucho menos tiempo y es mucho menos exigente que los antiguos métodos de ascetismo y meditación. ¡Pero cuesta mucho más!

EL METODO DE LA CIENTOLOGIA

El que busca la libertad, el buscador, es colocado frente a un auditor. El oyente, o consejero, dirige al buscador a retroceder "su rastro personal para contraer y aliviar los momentos de emoción, dolor y pensamiento inconsciente que fueron archivados en el banco de memoria de su mente reactiva."[4] El explora por sus vidas anteriores, según la necesidad, hasta el engrama básico que inició la cadena que ata la mente del buscador y que le impide la autoestima y la determinación.

¿Qué es un "engrama"? El diccionario Webster lo define como "una huella duradera dejada en un organismo por una experiencia síquica". Estos son algunos de los otros términos más comúnmente usados en la cientología.

Mente analítica: la mente consciente, activa, que percibe y razona.

Auditor: el consejero privado entrenado en cientología.

---

4 Garrison, p. 29.

Puro: uno que ha sido librado de problemas, dificultades y engramas; uno sin neurosis o enfermedades.

Dianética: el método para "sacar engramas" de la mente reactiva.

E-Metro (electro-sicómetro): un tosco detector de mentiras;[5] un "auxiliar confesional en cientología... dos latas de metal, vacías, conectadas a un galvanómetro simple. El pre-puro ase las latas mientras el auditor hace preguntas personales y de prueba... "¿Ha hecho alguna cosa de la que su madre se avergonzaría si la supiera?"[6]

Engrama: problemas que obsesionan la mente reactiva; cargas del pasado y experiencias prenatales.

Pre-puro: el cientologista principiante; el buscador.

Mente reactiva: la bodega de recuerdos desagradables; la zona donde los engramas son grabados y almacenados; el inconsciente.

Para todo el método de cientología es básico el "thetan" (una palabra acuñada de la letra griega *theta*). Este es el espíritu inmortal, que puede haber estado en existencia 74 millones de años. Esta idea tiene el sabor a *eons* gnósticos (seres eternos) y a la doctrina de la reencarnación. Bryan Wilson explica:

> Se añadió una teoría de reencarnación: en la mente humana había un elemento inmortal, un thetan, el equivalente cientológico de un alma trasmigrante, que también estaba sujeta a engramas, no solamente de la experiencia del individuo que lo ocupaba en un tiempo dado, sino de todos los individuos previos en los que había residido. El proceso terapéutico... se extendió ahora a la purificación de los engramas de encarnaciones previas.[7]

De acuerdo con el procedimiento, el pre-puro se encuentra con el auditor asignado en una sesión privada de consejo. Cuando se sientan con un E-metro entre ellos, el pre-puro ase las dos latas conectadas al galvanómetro. Conforme el auditor hace preguntas, las reacciones del pre-puro se indican en cuadrantes del e-metro. Las respuestas, conforme se ven en el e-metro, revelan los engramas. Pueden ser prenatales, pertenecientes a vidas previas. Los seguidores de Hubbard son alentados a buscar engramas problemáticos en existencias previas. Un investigador indicó que podría tomar

---

5 El E-Metro es un aparato electrónico usado para medir la resistencia a un flujo de corriente eléctrica que pasa por él. El galvanómetro indica la cantidad de resistencia ofrecida por un cuerpo conectado entre los dos electrodos enchufados a uno y otro lado del aparato. Tiene cuadrantes indicadores y un tablero de control, leído y manipulado por el autor conforme aconseja.

6 W. J. Peterson, *Those Curious New Cults* (New Canaan, Conn.: Keats, 1973), p. 91.

7 Wilson, p. 164.

como veinte horas que un pre-puro empezara a elevarse hacia llegar a ser puro.

Cuando los engramas son revelados, identificados y presuntamente confesados, automáticamente son borrados. Ya no se adhieren al atormentado tethan. El proceso continúa hasta que el pre-puro ha tratado con el engrama básico. Puede ser un incidente que ocurrió al alma hace centenares de años, el principio de una encadenadura que debe estar, y presumiblemente está, rota.

El pre-puro asciende por ocho grados de pureza hasta que es declarado puro. William Peterson escribe que 1/50 de 1% de los que han intentado esto lo han logrado.[8] Los cientologistas pretenden medidas de pureza que son satisfactorias aparentemente. El costo de todo esto es variable, según se informa, pero siempre es muy caro.

LA TEOLOGIA DE LA CIENTOLOGIA

La teología, por sí, es virtualmente inexistente. Horton Davies escribe: "A pesar de su vocabulario casi religioso, (la cientología) no tiene teología digna de llamarse así, y su uso de términos tales como 'espiritual' e 'infinito' al igual que 'Dios' y 'la iglesia', sin referencia a Jesús, el fundador de la iglesia, parece ser un camuflaje verbal para escapar a las obligaciones fiscales."[9] En el cambio de dianética a cientología, aparentemente se añadieron términos y equipo clericales para proveer una aura religiosa.

Sus ministros se visten de vestiduras clericales completas, y usan una gran cruz. Según W. J. Peterson,

> La iglesia de cientología se llama a sí misma "corporación religiosa no sectaria". Los domingos se tienen servicios, pero... tienen "más inclinación a la cientología que a Dios".... La Biblia se usa raramente.
> La cientología tiene sus rituales para el matrimonio, para el bautizo y para los funerales. Ninguno de esos rituales incluye oración o referencia ninguna a Dios.[10]

Peterson sigue citando a Ron Hubbard, el fundador y director de la cientología: "Aunque la dinámica octava se llama 'la infinidad de Dios', la ciencia de la cientología no se inmiscuye en la dinámica del Ser Supremo."[11]

La influencia profunda del misticismo oriental se observa fácil-

[8] Peterson, p. 92.
[9] Horton Davies, *Christian Deviations*, tercera revisión (Filadelfia: Westminster, 1972), p. 109.
[10] Peterson, p. 93.
[11] *Ibíd.*, p. 94.

mente. Las enseñanzas de la cientología contienen referencias a existencias anteriores, a influencias prenatales y a vidas futuras. La purificación de los engramas de vidas anteriores se relaciona demasiado con la doctrina hindú del karma y la reencarnación para que sea una coincidencia. Esas enseñanzas son vedas en esencia, si no en términos precisos.

El hombre es declarado básicamente bueno. El "da rienda suelta a la mala conducta debido a las dolorosas experiencias pasadas almacenadas en el banco de memoria de su mente reactiva (el subconsciente), junto con el propio registro de experiencias del tethan en vidas anteriores".[12] El pecado, por tanto, no se menciona. El mal es reconocido como el resultado de los engramas que se han adherido a la existencia continua del tethan. No hay necesidad de expiación.

El propósito de la cientología es elevar al máximo la confianza en uno mismo, y darle al individuo la seguridad de que no necesita nada, ni a nadie más, para realizar sus propios deseos. El poder está dentro del tethan, que sólo necesita despojarse de las adherencias que le impiden la libertad total. Y eso es posible por la sumisión al auditor que usa el e-metro.

HISTORIA Y ETICA

La iglesia fundadora de la cientología fue establecida en junio de 1955 en Washington, D. C., por L. Ron Hubbard. En años subsecuentes ha habido litigios contra la cientología por los gobiernos de Australia y de Gran Bretaña, y también por la Administración de Drogas y Alimentos y por el Servicio de Impuestos Internos de los Estados Unidos. Los cargos se han centrado en las palabras *fraude y fraudulento.* "¿Es el e-metro un auténtico aparato médico?" "¿Son fraudulentas las pretensiones de la cientología?" "¿Es la cientología una organización religiosa auténtica, y por tanto, exenta de impuestos?"

Según parece, el Servicio de Impuestos Internos estaba "dudoso acerca de una empresa religiosa que hace tanto dinero, especialmente cuando encontraron que, en Washington D. C. solamente, la iglesia fundadora recibió 756.962 dólares (en un año) y que 90% de este dinero vino de honorarios y no de donativos."[13] "El ingreso bruto anual, mayormente de 'honorarios de consejos', se estima que es de más de 70 millones de dólares."[14] Hubbard recibe el 10% de todos los honorarios cobrados por los centros de cientología, y "pasa

---

[12] Garrison, p. 51.
[13] Davies, p. 109.
[14] James C. Hefley, *The Young Nappers* (Wheaton, Ill.: Victor, 1977), p. 117.

mucho de su tiempo en aguas internacionales, navegando en alta mar en su yate de 3.000 toneladas y de 320 pies, con su tripulación de 200 marineros y estudiantes uniformados de azul".[15] La cientología enseña que hay ocho dinámicas de la existencia. Los pre-puros (cientologistas principiantes) esperarían pasar por esas ocho etapas para llegar a ser puros. El adelanto requerirá un número variable de sesiones para cada una de las etapas, tal vez como veinte. Los precios por sesión varían entre 15 y 35 dólares y el costo total puede ser entre 7.000 dólares y 20.000 dólares. Las ocho dinámicas, o etapas, son: (1) autodinámica, (2) sexual, (3) grupal, (4) del género humano, (5) animal, (6) del universo, (7) espiritual, y (8) infinidad, o Dios. Esta última dinámica, sin embargo, no significa que la ciencia de la cientología... se inmiscuye en la dinámica del Ser Supremo.

La cientología está totalmente centrada en el yo. El pre-puro está dedicado a su propio presente y a su avance eterno. El movimiento es solamente para los que pueden pagarlo; no tiene nada que ofrecer a los pobres. En cuanto a su ética, William Peterson comenta: "En el código de la cientología hay declaraciones como 'Nunca temas herir a otro en una causa justa,' y 'Castigar al límite de mi poder a cualquiera que usa mal la cientología o que la degrada para fines dañinos'."[16]

La cientología es la antítesis del cristianismo. El apóstol Pablo escribió:

> El que no eximió ni a su propio Hijo, sino que lo entregó por todos nosotros, ¿cómo no nos dará gratuitamente también con él todas las cosas? (Rom. 8:32).

El fundador de la cientología es citado diciendo: "El hombre está atrapado en un laberinto alto y complejo. Para salir de él se requiere que siga el sendero cuidadosamente medido de la cientología."[17] ¡Si puede pagar!

---

[15] Peterson, p. 89.
[16] *Ibíd*, p. 95.
[17] *Ibíd.*, p. 96.

9

CIENCIA CRISTIANA

"En el año 1866 yo descubrí la ciencia de Cristo o leyes divinas de la vida, la verdad y el amor, y a mi descubrimiento lo llamé Ciencia Cristiana. Dios, con su gracia, había estado preparándome durante muchos años para la recepción de esta revelación final."[1] El sistema incorpora por eso una revelación para la cual la señora Mary Baker Eddy había estado siendo preparada. Ella sostenía que sus enseñanzas y sanidades estaban conectadas definitivamente con las de Jesús de Nazaret, y que su doctrina sencillamente revelaba la ley por la cual él realizaba sus sanidades. Esta ley, hasta que le fue revelada a ella, había estado perdida desde el tiempo de Cristo. "Nuestro Maestro... practicaba la sanidad cristiana... pero él no dejó una regla definida para demostrar este principio de sanidad y evitar la enfermedad. Esta regla quedó para ser descubierta por la Ciencia Cristiana" (SH 147:24-29).

Mary Baker nació en Bow, New Hampshire, el 16 de julio de 1821 en una familia devotamente religiosa. Su pobre salud, que parece haber sido una característica de su vida, la llevó a experimentar con varios tipos de sanidades. Ella experimentó mucha infelicidad. Su primer matrimonio (con George Glover) fue infeliz, pero terminó con la muerte de su esposo unos cuantos meses antes de que naciera su primer niño. En 1853 se casó con un "amoroso dentista", el doctor Daniel Patterson. El era infiel, y ella se divorció de él en 1866. En 1877 se convirtió en esposa de Asa Gilbert Eddy, "el primer estudiante que públicamente se declaró un cientista cristiano."[2]

En el ínterin la salud de ella siguió siendo escasa, y en 1862 ella recurrió a un hombre llamado Phineas P. Quimby. El había estado sanando enfermedades, según se decía, sin medicina. A su sistema él

---

1 Mary Baker Eddy, *Science and Healt with Key to the Scriptures* (Boston: Depositarios bajo el testamento de Mary Baker Eddy, publicado por primera vez en 1875), pp. 1-7, líneas 1-6 (De aquí en adelante citado en el texto o notas como SH).
2 Russell P. Spittler, *Cults and Isms* (Grand Rapids: Baker, 1962), p. 50.

lo llamaba "la ciencia de Cristo", y aparentemente ella estaba convencida de que él había descubierto los métodos de sanidad practicados por Cristo. Más tarde, sin embargo, ella rechazó cualquier deuda con Quimby, sosteniendo que "yo me abrí camino a conclusiones absolutas mediante la revelación divina, la razón y la demostración. La revelación de la verdad en el entendimiento me llegó gradualmente, y evidentemente por poder divino" (SH 109:20-23).

El "descubrimiento" vino en febrero de 1866, poco tiempo después de la muerte de Quimby. Ella emprendió un ministerio de sanidad y enseñó su sistema a discípulos, cada uno de los cuales pagó una cuota de 300 dólares. En 1875 ella completó el libro *Science and Health with Key to the Scriptures* (Ciencia y salud con clave en las Escrituras). El 23 de agosto de 1879 se organizó en Boston la Iglesia de Cristo, cientista. Su propósito declarado era "desempeñar el oficio necesario para la adoración de Dios".[3] Sin embargo, el *Church Manual* (Manual eclesiástico) de la Ciencia Cristiana declara que el propósito de la nueva iglesia era "conmemorar la palabra y obras de nuestro Maestro, que deben restablecer el cristianismo primitivo y su elemento perdido de sanidad".[4] La Ciencia Cristiana, como el mormonismo, sostienen ser el verdadero cristianismo restaurado después de muchos siglos.

FUENTES DE AUTORIDAD

"Como adherentes de la Verdad, tomamos la Palabra inspirada de la Biblia como nuestra guía suficiente para la vida eterna" (SH 497:3-4).

"Al seguir estas directrices de revelación científica, la Biblia fue mi único libro de texto. Las Escrituras fueron iluminadas; la razón y la revelación se reconciliaron, y después la verdad de la Ciencia Cristiana se demostró. Ninguna pluma o lengua humanas me enseñaron la ciencia contenida en este libro (Ciencia y salud); y ni lengua ni pluma pueden abatirla" (SH 110:13-20).

Las fuentes son dos: La Santa Biblia y *Science and Health* (Ciencia y salud). La segunda, puesto que es la interpretación y explicación de la primera, es la autoridad final. El verdadero significado de la Biblia es conocido solamente mediante (Ciencia y salud), que dicen ser "la voz de la Verdad para esta era, y ... [un libro] no contaminado por hipótesis humanas" (SH 456:27-28; 457:1-2).

La Biblia como nosotros la tenemos no es confiable, tiene

---

[3] Edwin F. Dakin, *Mrs. Eddy, the Biography of a Virginal Mind* Nueva York: Scribner, 1930), p. 151.
[4] The Christian Science *Church Manual*, 89th. ed. (Boston: Allison V. Stewart, 1915), p. 17.

muchos errores, según *Science and Health* (Ciencia y salud). Estos errores son manifiestos "en las versiones antiguas". Hay treinta mil diferentes lecturas en el Antiguo Testamento y trescientos mil en el Nuevo, de modo que "estos hechos muestran cómo un sentido mortal y material se introdujo en el registro divino" (SH 139:15-19). En otro lugar se dice que la señora Eddy dijo que "el registro material de la Biblia... no tiene mayor importancia para nuestro bienestar que la historia de Europa y América".[5]

El título de la segunda autoridad explica su contenido. *Science and Health* (Ciencia y salud) es un volumen de más de 700 páginas. El capítulo empieza con citas bíblicas a la ventura, que le dan al autor un trampolín del cual saltar al pensamiento metafísico. Luego viene la "Clave a las Escrituras" con extractos de los libros primero y último de la Biblia. Unas muestras de lectura son:

Génesis 1:1—En el principio creó Dios los cielos y la tierra.

El infinito no tiene principio. Esta palabra *principio* se emplea para denotar *el único*, es decir, la realidad y unidad eternas de Dios y el hombre, incluyendo el universo. El principio creativo—vida, verdad y amor—es Dios. Esta creación consiste del desenvolvimiento de ideas espirituales y sus identidades, que están contenidas en la mente infinita y para siempre manifestadas (SH 502:22-503:3).

Génesis 1:6—Y Dios dijo, haya un firmamento en medio de las aguas...

El entendimiento espiritual, por el cual la concepción humana, el sentido material, se separa de la verdad, es el firmamento (SH 505:4-8).

Apocalipsis 21:1—Y vi un cielo nuevo y una tierra nueva: porque el primer cielo y la primera tierra habían pasado...

El sentido corporal que San Juan tenía de los cielos y la tierra se había desvanecido, y en lugar de este falso sentido estaba el sentido espiritual, el estado subjetivo por el cual él podía ver el cielo nuevo y la tierra nueva, que comprende la idea espiritual y conciencia de la realidad... Este es ciertamente un anticipo de la Ciencia Cristiana absoluta. (SH 573:19-28).

---

5 Mary Baker Eddy, *Miscellaneous Writings*, 1883-1896 (Boston: Allison V. Stewart, 1910), p. 170.

El capítulo titulado "Recapitulación" debe ser leído como una ilustración de la ambigüedad y contradicción que rodea totalmente este extraño sistema, que es más hindú que cristiano. El párrafo introductorio declara que "la Ciencia Cristiana absoluta llena sus declaraciones para elucidar metafísica científica" (SH 465:4-6). Dos "verdades" fundamentales deben estar *siempre* en mente en cualquier estudio de la Ciencia Cristiana. Realmente esas "verdades" invalidan y vuelven superflua *cualquier* discusión. Todo estudio subsecuente *debe* relacionarse a esos absolutos. La primera es esta: "Dios es Todo-en-todo" (SH 113:16). La segunda es esta: "Dios, Espíritu, siendo todo, nada es materia" (SH 113:17). En sus *Miscellaneous Writings* (Escritos misceláneos), la señora Eddy escribió: "Aquí también se encuentra el meollo de la declaración básica, el punto cardinal en la Ciencia Cristiana, que la materia y el mal (incluyendo todo en armonía, pecado, enfermedad, muerte) son *irreales.*"[6]

LA DOCTRINA DE DIOS

"Dios es incorpóreo, supremo divino, mente infinita, espíritu, alma, principio, vida, verdad, amor" (SH 465:9-10).

"Dios es infinito, la vida única, substancia, espíritu, o alma, la inteligencia única del universo, incluyendo al hombre" (SH 330:11).

DIOS ES TODO LO QUE REALMENTE EXISTE

El razonamiento del cientista cristiano está basado en los dogmas de que Dios es todo-en-todo, y que es completamente bueno. En *Science and Health* (Ciencia y salud) se subraya repetidamente que Dios es todo lo que *realmente existe*. No hay en absoluto otra realidad. Cualquier cosa que no es Dios es irreal, insubstancial, inexistente y el resultado de "error mortal". Puesto que la mayoría de los hombres no participa de la "revelación de la Ciencia Divina", vive en ignorancia. Esta ignorancia se ve notablemente en la "falsa" creencia de que hay otras realidades. La Ciencia Cristiana demanda que los hombres acepten este concepto de la totalidad de Dios en su significado absoluto, extremo. Deben dejar cualquier pretensión o idea de que hay alguna separación o individualidad. El individuo debe sumergir su sensación de individualidad en la comprensión determinada de que es uno con el todo-en-todo. Cuando surgen preguntas que intentan traer este concepto al alcance de la comprensión humana, son ignoradas o hechas a un lado como impertinentes. Fueron el resultado del "error de la mente mortal".

[6] *Ibíd.*, p. 27.

Cuando se le preguntó si Dios es un ser personal, la señora Eddy contestó por equivocación.

> En la Ciencia Cristiana aprendemos que Dios es ciertamente individual, y no una *persona*, como la palabra es usada por las mejores autoridades, si nuestros lexicógrafos tienen razón al definir *persona* como especialmente un *ser humano* finito; pero Dios *es* personal si por *persona* se quiere decir Espíritu infinito.[7]

Ella no hizo una afirmación o negación clara de la personalidad de Dios. Es imposible conseguir una respuesta absoluta en lenguaje simple. Por ejemplo, está escrito que "Dios es individuo y persona." Sin embargo, la declaración no se detiene allí. Continúa: "en un sentido científico, pero no en ningún sentido antropomórfico" (SH 336:32-337:1). ¿Qué es un "sentido científico"? Esto no se explica. Además, habiendo negado que Dios es persona "en ningún sentido antropomórfico", la señora Eddy no obstante habló de Dios en términos antropomórficos. Dios escucha, ve, conoce y ama. Además, el uso del término *individualidad* no tiene el propósito de implicar que Dios tiene forma. Dios es "el principio infinito y divino de todo ser, el YO SOY siempre presente, que llena todo el espacio, y que incluye en sí mismo a todo el género humano, el único Dios Padre-Madre."[8]

El concepto de Dios es muy vago. Una persona que está incluida en todo lo que hay y es inseparable (aunque realmente no hay nada aparte de Dios) está más allá de la comprensión humana. La impresión dada es que Dios es un ser impersonal, si tal cosa es posible. El seguidor de la señora Eddy no podría tener ningún concepto de Dios como el creador que tiene un interés amoroso en su creación. La negativa sostenida de la existencia de cualquier creación material o física elimina tal posibilidad. La negativa para admitir la realidad del dolor o el sufrimiento evita cualquier necesidad particular de ayuda de una fuente externa, si tal existiera.

La Trinidad es repudiada en la declaración: "La teoría de las tres personas en un Dios (es decir, una Trinidad personal o Tri-unidad) sugiere politeísmo, en vez del único siempre-presente YO SOY" (SH 256:9-11).

NO HAY NADA MAS APARTE DE DIOS

La pretensión de que Dios es todo lo que realmente existe lleva

---

[7] Mary Baker Eddy, *Rudimental Divine Science* (Boston: Los depositarios bajo el testamento de Mary Baker Eddy, 1908), p. 2.
[8] *Ibíd.*, pp. 3, 4.

consigo el significado obvio de que no hay nada aparte de él. Por eso la señora Eddy define la materia como "hecha de una supuesta fuerza mental mortal" (SH 310:5). "Los objetos conocidos por los sentidos físicos no tienen la realidad de la substancia" (SH 311:26-27). "Bóveda" en Génesis 1:6 es realmente "entendimiento espiritual". La "tierra seca" de Génesis 1:10 ilustra "las formaciones absolutas instituidas por la mente" (SH 507:3). La creación consiste del "despliegue de ideas espirituales y sus identidades" (SH 503:1-2).

Esta enseñanza de que la "unicidad" es el principio esencial de todo ser era prevalente en el antiguo oriente. Monismo es la palabra usada para describir el descubrimiento de esta unicidad por los sabios de la India, como se enseña en los Upanishads, las escrituras hindúes. Este volumen es muy recóndito y más allá de la comprensión de la mayoría de los lectores. Aunque la señora Eddy hizo poca mención del hinduismo en sus escritos, negó cualquier conexión o similaridad entre la Ciencia Cristiana y la teosofía o espiritismo.[9] Ella refutó una acusación de ser panteísta al escribir que la Ciencia Cristiana "no encuentra espíritu ni en la materia ni en las formas de la mente mortal".[10] Las negativas indican que se han levantado preguntas concernientes a la aparente similaridad entre la Ciencia Cristiana y el misticismo oriental. Charles Samuel Braden, en su volumen *These Also Believe* (Estos también creen), lo resume sugiriendo que

> la aproximación más cercana al pensamiento de la señora Eddy debe encontrarse en el concepto hindú del único Real, y el carácter ilusorio de todo lo demás. También, entonces, su negativa fundamental de la realidad del mal y del sufrimiento es casi una repetición de una fase del pensamiento hindú.[11]

LA DOCTRINA DE JESUCRISTO

JESUS Y CRISTO DIFERENTES UNO DEL OTRO

En la Ciencia Cristiana, Jesús y el Cristo no son el mismo. "El advenimiento de Jesús de Nazaret marcó el primer siglo de la era cristiana, pero el Cristo es sin principio ni fin de días" (SH 333:16-18). Jesús es sencillamente el "hombre humano" (SH 473:15) que "demostró a Cristo" (SH 332:19), siendo "el hijo de una virgen" (SH

---

[9] Mary Baker Eddy, *No and Yes* (Boston: Allison V. Stewart, para los depositarios bajo el testamento de Mary Baker Eddy, 1910), p. 13.
[10] *Ibíd.*, p. 15.
[11] Charles Samuel Braden, *These Also Believe* (Nueva York: Macmillan, 1949), p. 189.

332:23). Cristo, por otra parte, es "la verdad ideal" (SH 473:10), la "idea divina" (SH 347:14, 15), la "idea espiritual o verdadera de Dios" (SH 347:14, 15), el "mensaje divino de Dios a los hombres... incorpóreo, espiritual, sí, la imagen y semejanza divinas,... el camino, la verdad y la vida" (SH 332:10-14), "sin principio de años ni fin de días", (SH 333:18), el "reflejo de Dios" (SH 333:21).

La incongruencia de esta enseñanza es pasmosa y confusa cuando recordamos que se enseña que ni el nacimiento ni la muerte son reales. "¿Puede haber algún nacimiento o muerte para el hombre, la imagen y semejanza de Dios? (SH 206:25, 26).

En una explicación larguísima y muy modificada de la diferencia entre Jesús y el Cristo, la señora Eddy escribió: "El Cristo invisible era imperceptible al llamado sentido personal, puesto que Jesús apareció como una existencia corporal. Esta personalidad doble... continuó hasta la ascensión del maestro, cuando el concepto material, humano, o Jesús, desapareció, aunque el ser espiritual, o Cristo, continúa existiendo en el orden eterno de la Ciencia divina, llevando los pecados del mundo, como Cristo siempre lo ha hecho, aun antes que el Jesús humano se encarnara a los ojos mortales" (SH 334:10-20).

No se explica cómo podría haber un Jesús corporal, un "concepto humano, material", cuando nada corporal o material existe realmente. Tal vez la explicación se guarda como algo imposible de entender por los no iluminados, cuyas mentes están obscurecidas por el error". Debe notarse que el Cristo es eterno, es inseparable del principio divino, y es llamado la "idea divina". El hombre Jesús era simplemente el vehículo temporal mediante el cual Cristo fue demostrado. El Jesús corporal no era "uno con el Padre, pero... la idea espiritual, Cristo, mora para siempre en el seno del Padre" (SH 334:3-5).

EL NACIMIENTO VIRGINAL Y LA NEGACION DE LA MATERIA

El nacimiento virginal es sugerido en la declaración "Jesús era el hijo de una virgen" (SH 332:23). Sin embargo, la idea comúnmente sostenida de que Dios el Hijo llegó a encarnarse así a través del cuerpo de la virgen no podría ser defendible en este sistema extraño que niega la realidad de cualquier materia. "La concepción de él en María era espiritual" (SH 332:26-27). Ella "concibió esta idea de Dios, y le dio a su ideal el nombre de Jesús, es decir, Josué o Salvador" (SH 29:27-18). Jesús fue "el hijo de la comunión auto-consciente de María con Dios" (SH 29:32-30:1).

MUERTE Y RESURRECCION

El glosario de *Science and Health* (Ciencia y salud) define *muerte* como "una ilusión, la mentira de la vida en la materia; lo irreal e incierto, lo opuesto de la vida" (SH 584:9-10). Se hace referencia a la ilusión de los discípulos de Jesús que creyeron que él estaba muerto "aunque él estaba escondido en el sepulcro, puesto que estaba vivo" (SH 44:28-29). La resurrección corporal se descarta con la definición de que la resurrección es "la espiritualización del pensamiento; una idea nueva y más elevada de la inmortalidad, o existencia espiritual; creencia material condescendiendo con el entendimiento espiritual" (SH 593:9-11).

La señora Eddy reconocía que Cristo Jesús era el "mostrador del camino" (SH 497:15) y que "el hombre se salva por Cristo, por la verdad, la vida y el amor, como fue demostrado por el profeta galileo" (SH 497:16-18). Su "crucifixión y resurrección sirvieron para elevar la fe para comprender la vida eterna" (SH 497:20-21). El no murió, sin embargo, aunque sus discípulos creyeron que él estaba muerto. El estaba vivo en la tumba, demostrando el poder del "Espíritu" (SH 44:31) para dominar el sentido material. Fue así que él "total y finalmente demostró ciencia divina" (SH 45:6-7).

Naturalmente, se sigue que no hubo resurrección corporal. El concepto ilusorio es conducido, sin embargo, a que "nuestro maestro reapareció a sus estudiantes", es decir, "a su comprensión de que él se levantó de la tumba el tercer día de su pensamiento ascendente (?)" (SH 509:4-7). Para aumentar la confusión también se declara que él se mostró a sus discípulos para probar a sus "sentidos físicos que su cuerpo no estaba cambiado" (SH 46:14-15). Fue para este propósito que él hizo que Tomás "examinara la señal de los clavos y la herida de la lanza" (SH 46:18-19). "En esta demostración final, llamada la ascensión, que cerró la historia terrenal de Jesús, él se levantó sobre el conocimiento físico de sus discípulos, y el sentido material ya no lo vio más" (SH 46:26-29).

Es imposible comparar la Ciencia Cristiana con el cristianismo bíblico en relación a Jesucristo, su nacimiento, su vida, su muerte, su persona, su sacrificio, su resurrección y su ascensión. No hay una sola faceta de su persona y obra que no haya sido distorsionada o negada.

LA DOCTRINA DEL HOMBRE

¿Qué es el hombre? Esta pregunta es tratada con considerable extensión en el capítulo "Recapitulación" de *Sciencie and Health* (Ciencia y salud). La respuesta empieza:

> El hombre no es materia; no está hecho de cerebro, sangre, huesos y otros elementos materiales... El hombre está hecho a la imagen y semejanza de Dios... El hombre es espiritual y perfecto... El hombre es la idea, la imagen del amor; él no es físico. El es la idea compuesta de Dios, incluyendo todas las ideas correctas; el término genérico para todo lo que refleja la imagen y semejanza de Dios;... el hombre es el reflejo de Dios, o Mente, y por eso es eterno. (SH 475:6-18)

En vista de esto, se declara que "el hombre es incapaz de pecado, enfermedad y muerte. El hombre verdadero no puede apartarse de la santidad, ni Dios puede... engendrar la capacidad o libertad para pecar" (SH 475:28-31).

El seguidor de la señora Eddy que parece estar enfermo es amonestado a no decir nunca "Estoy enfermo." Esto es comparable a decir que Dios está enfermo. El debe recordar que él refleja a Dios. "Dios nunca está enfermo; por eso yo no estoy enfermo." El practicante hace hincapié en que: "El hombre es idea de Dios. El verdadero *usted* es ese hombre espiritual. ¡Conozca la verdad! ¡Conozca la verdad! La verdad lo libertará." Libertad, es decir, de la ilusión del pecado, de la enfermedad y de la muerte.

A través de todo esto hay una sutil indicación de que al tratar con el "hombre" la señora Eddy no estaba escribiendo acerca de "hombres" o de seres individuales personales. Ella repentinamente cambia al tema de "seres mortales", que son los "hijos del malo,... el que declara que el hombre principia en polvo o como un embrión material" (SH 476:2-4). Puesto que el hombre real y Dios son inseparables, el hombre no es mortal. No es clara la relación entre hombre y mortales, porque los mortales son "concebidos en pecado y dados a luz en iniquidad" (SH 476:16-17). Esto es lenguaje extraño para uno que niega tanto el pecado como la iniquidad. Sin embargo, "los mortales" son amonestados a "buscar sinceramente el estado espiritual del hombre, que está fuera de todo egoísmo material" (SH 476:21-22). Esta exhortación es personificada en el mandamiento repetido "conoce la verdad". La verdad es que Dios es todo-en-todo, y que "usted" es inseparable de Dios.

Parecería que parte de la ilusión de la mente mortal está en el concepto del alma individual. Tal idea de individualidad está en oposición a la declaración tantas veces repetida de que Dios es todo-en-todo. La sugestión de que lo "inmortal" está contenido en "mortales" separados llevaría a la conclusión inconcebible de que "alma, o espíritu, está subdividida en espíritus, o almas: alias dioses".[12] ¿Qué,

---

12 Eddy, *No and Yes*, p. 26.

entonces, es el hombre? El es la "imagen y semejanza de Dios, coexistente y coeterno con el... para siempre individual;... pero lo que
es individualidad queda por ser aprendido."13 La única certeza es
que el hombre perfecto no está sujeto a nacimiento o muerte. "El
hombre armonioso e inmortal ha existido siempre, y siempre está
más allá y por encima de la ilusión mortal de cualquier vida,... como
existente en materia" (SH 302:15-18).

LA DOCTRINA DE LA SALVACION

No hay doctrina de salvación dentro de la Ciencia Cristiana,
como el término *salvación* se entiende comúnmente. En vista de lo
que se ha escrito antes, debe hacerse la pregunta: ¿Quién debe ser
salvado de qué? La señora Eddy dio esta definición de la salvación:
"...vida, verdad y amor entendidos y demostrados como supremos
sobre todo; pecado, enfermedad y muerte destruidos" (SH 593:20-
22). El factor básico respecto al pecado es que las irrealidades parecen reales a la creencia errada de las mentes mortales. "Cristo vino a
destruir la creencia del pecado" (SH 473:6-7).

Sin embargo, en todas partes se declara que el pecado trae
sufrimiento, y que "los que pecan deben sufrir" (SH 37:2-3). Así
entonces persiste la idea de que la venida de Cristo de alguna manera estaba relacionada con la ilusión del pecado. El *Cristo* sí hizo una
ofrenda espiritual, pero se hace hincapié en que "la sangre *material*
de *Jesús* no era más eficaz para limpiar del pecado cuando se de-
rramó sobre 'el árbol maldito' que cuando corría en sus venas al ocu-
parse en los negocios de su Padre" (SH 25:6-8, cursivas añadidas).

Los enigmas son obvios. Si la materia no existe y el sufrimiento
y la muerte son irreales, ¿cómo pudo Jesús haber sufrido sobre la
cruz? Si el pecado, la enfermedad y la muerte son irreales, ¿cómo
puede ser que "cada dolor de arrepentimiento y sufrimiento...nos
ayudará a entender la expiación de Jesús por el pecado y ayudar a
su eficacia" (SH 19:17-19)?

La gran obra de Jesús, sin embargo, fue enseñar "el camino de
vida por demostración" (SH 25:13). El era esencialmente el
mostrador del camino, y la eficacia de la crucifixión está en "el afecto
y la bondad prácticos que demostró para la humanidad" (SH 24:27,
28). Esto se resume en el cuarto de los principios religiosos de la
Ciencia Cristiana.

> Reconocemos la expiación de Jesús como la evidencia del
> amor divino y eficaz que manifiesta la unidad del hombre con
> Dios por Jesucristo el mostrador del camino; y reconocemos

---

13 *Ibíd.*, p. 25.

que el hombre es salvado por Cristo a través de la verdad, la vida y el amor como fueron demostrados por el profeta galileo al sanar a los enfermos y vencer el pecado y la muerte. (SH 497:13-19.)

LA DOCTRINA DEL FUTURO

La escatología tiene poco o ningún lugar en la Ciencia Cristiana. El cielo y el infierno no son lugares. El cielo es "armonía; el reino del espíritu;... la atmósfera del alma" (SH 587:25-27). El infierno es "creencia mortal; error, concupiscencia;... sufrimiento y autodestrucción, agonía autoimpuesta; efectos del pecado" (SH 588:1-3). Cuando el Apóstol exclamaba: "¡He aquí ahora el tiempo más favorable!" (2 Cor. 6:2), él quería decir "no que ahora los hombre deben prepararse para una salvación o seguridad en un mundo futuro, sino que ahora es el tiempo para experimentar esa salvación en espíritu y en vida" (SH 39:18-22). Esto significa que "ahora es el tiempo para que los llamados dolores materiales y los placeres materiales desaparezcan, porque ambos son irreales, porque son imposibles en la ciencia" (SH 39:22-24).

La declaración de que el hombre es "coexistente y coeterno con Dios" implica fuertemente la preexistencia. La señora Eddy razonaba que si el hombre no existía antes de que empezara la organización material, no podría existir después de que el cuerpo se desintegrara. "Si vivimos después de la muerte y somos inmortales, debemos haber vivido antes del nacimiento" (SH 429:21-23). Sin embargo, la realidad de la muerte no es admitida. Es solamente "otra fase del sueño de que la existencia puede ser material" (SH 427:13-14). El cuerpo no puede morir, porque la materia no tiene vida que rendir" (SH 426:30-31).

La posibilidad de la reencarnación es negada por la Ciencia Cristiana. Sin embargo, la sugestión de alguna clase de trasmigración es innegable en la afirmación de que "la creencia mortal muere para vivir de nuevo en formas renovadas, sólo para salir al fin para siempre" (SH 556:10-12). Esta es otra afirmación que es difícil de entender: "Mortales despertados del sueño de la muerte con cuerpos no vistos por los que creen que sepultaron el cuerpo" (SH 429:17).

La necesidad de limpieza o de alguna clase de purificación se nota en que "los mortales no necesitan imaginar que la creencia en la experiencia de la muerte los despertará a un ser glorificado" (SH 291:9-11).

Si el cambio llamado muerte destruyera la creencia en el pecado, la enfermedad y la muerte, la felicidad sería ganada en el momento de la disolución, y sería permanente para siempre; pero esto no es así. La perfección se gana sólo por la perfección. Los que son injustos deben ser injustos todavía, hasta que en el divino Cristo ciencia, la verdad quite toda ignorancia y pecado. (SH 290:16-22)

La progresión y la prueba son necesarias, y "la salvación universal... no se obtiene sin ellas" (SH 291:12-13). Para completar el esquema y tratar con la posibilidad de regresión en vez de progresión, la señora Eddy escribió en otro lugar "Si el hombre no progresa después de la muerte, pero permanece en error, inevitablemente será aniquilado."[14]

La filosofía hindú basada en el monismo con su enseñanza de autorrealización, absorción al infinito y libertad de la esclavitud de la ilusión y la ignorancia, parece haber encontrado un avivamiento bajo un nuevo nombre: Ciencia Cristiana.

---

[14] Eddy, *Miscellaneous Writings*, p. 2.

10

ESPIRITISMO

El espiritismo puede ser definido como "la ciencia, filosofía y religión de la vida continua, basada en el hecho demostrado de la comunicación, por medio de medium, con los que viven en el mundo espiritual". Es decir, los creyentes en el espiritismo, creen que la personalidad sobrevive más allá de la muerte y que los espíritus de los fallecidos pueden comunicarse con los vivos. Esto ocurre usualmente por medio de una persona viva llamada "médium".

El "evangelio del espiritismo" (los espiritistas usan esa frase frecuentemente) es la historia misteriosa de cuartos oscurecidos, de apariciones fantasmales y voces del mundo espiritual. Ofreciendo, como lo hace, poner a una persona en contacto con "amigos fallecidos", este "evangelio" comúnmente florece después de tiempos históricos cuando han muerto seres amados, como durante la guerra.

Esta no es una nueva secta. Sus raíces están enclavadas en la historia primitiva del hombre. La muerte siempre ha sido un enigma para los vivos, y todas las religiones originadas en el hombre puede decirse que han emanado del deseo de resolver el enigma. ¿Con la muerte termina todo? Ese concepto ha sido rechazado universalmente por todas las culturas, primitivas y civilizadas. ¿Qué pasa, entonces, a la persona cuyo cuerpo yace inanimado y sin vida?

J. K. Van Baalen, en *The Chaos of the Cults* (El caos de las sectas) escribe:

> Pero sí encontramos trazas de espiritismo entre los antiguos chinos, hindúes, babilonios y egipcios. El espiritismo puede ser rastreado a través del Imperio Romano y de la Europa de tiempos medievales. De los engaños religiosos del día actual es por tanto la única que existía en tiempos bíblicos, y las Escrituras de ninguna manera guardan silencio acerca de él.[1]

Los modernos espiritistas al parecer consideran el universo como lleno de un Espíritu preceptor, cuyas leyes de operación, si

---

[1] J. K. Van Baalen, *The Chaos of Cults*, ed. rev. (Grand Rapids: Eerdmans, 1962), p. 31.

son conocidas y usadas, pueden asegurar sanidad e integridad. Pueden ocurrir milagros, pero no son interpretados como intervenciones en la ley natural o cambios en eso. Más bien son irrupciones de una forma más alta de la ley natural, cuyas obras todavía no son completamente conocidas, o son conocidas solamente por un grupo limitado de gente dotada, como son los mediums o practicantes.

The Spiritualist Manual (Manual del espiritista) indica que, en 1848, "fue descubierta una inteligencia que fue aceptada como basada en la ley natural, y no milagrosa o sobrenatural como hasta entonces había sido aceptada. Este es un hecho que diferencia el espiritismo moderno del antiguo".[2] Esto es, por supuesto, una negación tácita de la presencia de un Dios infinito, o de un Ser sobrenatural.

El 31 de marzo de 1848 es la fecha reconocida como el principio del espiritismo moderno. Parece ser que a Margaret y a Kate Fox se les hicieron revelaciones extrañas por medio de ruidos y golpeteos misteriosos. Las muchachas estaban entre los seis y quince años de edad. Los "golpeteos" se decía que eran intentos de comunicación de uno que se llamaba a sí mismo "el viejo pie hendido" (un golpecito significaba una respuesta negativa, dos golpecitos una dudosa, y tres golpecitos una afirmativa). De acuerdo con algunos, Margaret y Kate fueron declaradas médiums. Se dice que las muchachas admitieron más tarde que los ruidos inexplicables habían sido "travesuras infantiles".[3]

En 1882 se instituyó la Sociedad para la Investigación Física por un grupo de investigadores sinceros. Según Horton Davies, "las actas de la Sociedad, en aproximadamente sesenta volúmenes, constituyen el registro y evaluación más importantes de experiencias espiritistas".[4] Sir Arthur Conan Doyle, el creador de Sherlock Holmes, era un espiritista declarado, como lo era también Sir Oliver Lodge, el eminente físico británico. El Obispo Pike, de California, obtuvo mucha publicidad por afirmar que había sido capaz de comunicarse con su hijo muerto por medio de un médium.

La creencia en el espiritismo del día actual está muy extendida. Aparentemente es mucho más prominente en países fuera de Estados Unidos. La revista Time informó que el espiritismo era la secta de más rápido crecimiento en Brasil, afirmando tener algunos tres mil centros y diez millones de seguidores.[5] Los misioneros

---

[2] The Spiritualist Manual, 9a. rev. (Milwaukee: National Spiritualist Association of Churches, 1955), p. 74.

[3] De The Cults Exposed (Chicago: Moody Correspondence School, 1962), p. 63 (y en otras fuentes numerosas).

[4] Horton Davies, Christian Deviations, 3a. rev. (Philadelphia: Westminster, 1972), p. 69.

[5] Time, octubre 18, 1954, p. 62.

actuales verifican esto, informando que el espiritismo es abundante en Europa, particularmente en Alemania Occidental y en Francia. Se dice que "cada noche de domingo un cuarto de millón de personas en Inglaterra asisten a reuniones para recibir mensajes de los espíritus".[6] En los Estados Unidos la membresía parece pequeña (173.000 estimados en 1965), pero hay muchos que buscan asociarse con "amados difuntos" a través de numerosos médiums. "Se ha estimado que por cada miembro en lista hay diez o quince simpatizadores. El censo de los Estados Unidos informa que la asistencia promedio en cada reunión es tres veces su membresía."[7]

¿QUE CREEN LOS ESPIRITISTAS?

Esta es una Declaración de Principios emitida por la Asociación Nacional de Iglesias Espiritistas:

1. Creemos en la Inteligencia Infinita.

2. Creemos que los fenómenos de la Naturaleza, tanto los físicos como los espirituales, son la expresión de la Inteligencia Infinita.

3. Afirmamos que la comprensión correcta de tales expresiones y vivir de acuerdo con ellas constituye la verdadera religión.

4. Afirmamos que la existencia y la identidad personal del individuo continúan después del cambio llamado muerte.

5. Afirmamos que la comunicación con los llamados muertos es un hecho probado científicamente por los fenómenos del espiritismo.

6. Creemos que la moralidad más alta está contenida en la Regla de Oro.

7. Afirmamos la responsabilidad moral del individuo, y que él hace su propia felicidad o infelicidad al obedecer o desobedecer las leyes físicas o espirituales de la naturaleza.

8. Afirmamos que la entrada a la reforma nunca se cierra a ninguna alma humana, aquí o en el más allá.[8]

---

6 Gordon R. Lewis, *Confronting the Cults* (Filadelfia: Presby. & Ref., 1966), p. 164.
7 John H. Gerstner, *The Theology of the Major Sects* (Grand Rapids: Baker, 1969), p. 87.
8 Citado en Davies, p. 70.

La influencia de las religiones orientales, particularmente del hinduismo, es claramente discernible en varios de esos principios. El monismo[9] y la transmigración[10] se reflejan en los principios primero y séptimo, y probablemente también en el octavo.

LA FUENTE DE AUTORIDAD

En *The ABC of Spiritualism* (El ABC del espiritismo), la Asociación Nacional de Iglesias Espiritistas hace la pregunta:

¿No está el Espiritismo basado en la Biblia?

No. La Biblia, hasta donde está inspirada y es verdad, está basada en el mediazgo (calidad de médium), y, por eso, tanto el cristianismo (las enseñanzas sencillas y hermosas de Jesús, el cristianismo verdadero y primitivo) y el espiritismo, descansan en la misma base. El espiritismo no depende para sus credenciales y pruebas de ninguna revelación previa.[11]

La Declaración de Principios citada antes afirma además que "la Biblia, hasta donde está inspirada y es la verdad, está basada en el mediazgo, y por tanto, el cristianismo y el espiritismo descansan sobre la misma base".[12] Así entonces, la Biblia descansa sobre el médium, ¡no al contrario!

Gordon R. Lewis conjetura:

La base verdadera del espiritismo no es la Biblia; es la experiencia de los individuos espiritistas. Por ejemplo, los cristianos creen en la vida después de la muerte como se enseña en la Escritura inspirada, pero Sir Oliver Lodge dijo: "¡Yo sé que ciertos amigos míos que han muerto todavía existen porque yo he hablado con ellos!"[13]

Otros escritores, aun espiritistas creyentes, cuestionan la veracidad o autenticidad de los espíritus de los que viene la revelación. Hay, en lenguaje espiritista, "espíritus traviesos", conocidos como *poltergeists*, que son reconocidamente "juguetones" (o mejor, "engañosos"). Sir Arthur Conan Doyle testificaba que "no había

[9] *Monismo* es la doctrina hindú básica de que sólo hay una realidad final; siendo la realidad unitaria, un todo orgánico, sin partes independientes. Cualquier tipo de individualismo, por tanto, es ilusión.

[10] *Transmigración* es la doctrina que enseña que el alma pasa, al momento de morir o después, a otro cuerpo o sucesión de formas corpóreas, sean humanas o animales. Cada cuerpo sucesivo es dependiente de la vida o vidas precedentes.

[11] B. F. Austin, *The ABC of Spiritualism* (Milwaukee: National Spiritualist Association of Churches, s.f.), citado en *The Cults Exposed*, p. 64.

[12] *Ibíd.*

[13] Lewis, p. 165.

prueba conocida por la cual uno podía distinguir un espíritu de buena fe de uno engañoso".[14]

¡Un fundamento muy débil sobre el cual descansar el estado eterno de uno!

LA DOCTRINA DE DIOS

Como se hizo notar antes, el primer punto en la Declaración de Principios de la Asociación Nacional Espiritista afirma: "Creemos en la Inteligencia Infinita." Esto se desarrolla en la declaración, "Expresamos nuestra creencia en un poder Impersonal supremo, presente en todas partes, manifiesto como vida, a través de todas las formas de materia organizada, llamada por algunos, Dios; por otros, Espíritu; y por los espiritistas, Inteligencia Infinita."[15] Esta doctrina es un sobrante claro de las enseñanzas de la más antigua de las religiones actuales del mundo, el hinduismo. ¡Es monismo!

LA DOCTRINA DE JESUCRISTO

Los espiritistas tienen a Jesús en alta estima. Creen que él es un personaje histórico verdadero; reconocidamente, un obrador de milagros, el maestro más grande del mundo, y uno que debe ser seguido. Su deidad es "segurísimamente creída", pero en el mismo sentido en que todos los hombres son vistos como divinos. *The ABC of Spiritualism* (El ABC del espiritualismo) explica:

> Cada hombre es divino por cuanto es un hijo de Dios, y hereda una naturaleza espiritual (divina). De la misma manera que un hombre desarrolla su naturaleza intelectual y espiritual y la expresa en la vida, él es "Dios manifestado en carne." Puesto que Jesús obtuvo y manifestó los atributos divinos de espíritu en un grado inusitado, ningún espiritista cuestionaría su deidad.[16]

La deidad, o divinidad, de Jesucristo es por tanto aceptada y también negada. Si por el término *divino* uno quiere decir "un miembro de la Trinidad, coigual con el Padre (Dios)", entonces Jesús no es divino para los espiritistas. Sin embargo, si la divinidad significa poseer una naturaleza espiritual (divina), como la de todos los hombres, entonces, por supuesto, él es divino.

Otras referencias espiritistas a Jesucristo hablan de él como "un médium del orden más elevado", o, "un espíritu avanzado en la esfera sexta". El también es aceptado como uno de muchos cristos

---

[14] *Ibíd.*, p. 166.
[15] *The Spiritualist Manual*, p. 35.
[16] B. F. Austin, *Question 17*, citada en Lewis, p. 175.

salvadores, que en diferentes etapas de la historia del mundo, han venido al mundo a traer luz en la obscuridad y a señalar el camino a la "verdad". El es un *Jagad-Guru*, Maestro del mundo, entre muchos. Su nacimiento virginal y su resurrección corporal son hechas a un lado como "fábulas" o "mitos". Cualquier pensamiento de expiación vicaria es insostenible porque es totalmente irrelevante, y por tanto, innecesaria.

HOMBRE, PECADO Y REDENCION

Puesto que todos los hombres son hijos de Dios en progreso hacia la perfección en el ámbito espiritual por esfuerzo individual, los espiritistas no ven necesidad de redención. El hombre es un dios "en embrión", y el concepto de una naturaleza pecaminosa, o ciertamente del pecado mismo, es detestable. Gordon Lewis cita a F. D. Warren, un escritor espiritista, que ridiculiza la historia del jardín del Edén.

> El hombre no descendió de Adán y Eva, sino ascendió, mediante el proceso evolucionario natural, de un orden menor de vida animal, y la Inteligencia Infinita de la Naturaleza ha decretado que el hombre continúe en ascenso, el mundo sin fin.[17]

Warren sigue: "...no hubo Jardín de Edén, y ningún Adán ni Eva, y ningún 'pecado original'".[18]

Siendo así, nunca hubo una caída, y no hay pecado. El mal se origina en la ignorancia, que se disipa cuando el hombre asciende la escala de la evolución por su propio esfuerzo para alcanzar "alturas sublimes y gloriosas donde Dios es amor y el amor es Dios".[19] "El hombre se vuelve espíritu después de la muerte, haciendo el mal y también el bien, pero puede salvarse conforme progresa de un nivel de espíritu al siguiente."[20]

El autor espiritista B. F. Austin amonesta:

> Crea en sí mismo. ¡Conozca que usted es un dios en embrión! Este es el hecho más sublime y consolador en el mundo, que da seguridad de la existencia individual eterna del hombre. La vida eterna empieza cuando muchos empiezan a vivir en su divinidad, el lado más elevado de su carácter.[21]

---

[17] *Ibíd.*, p. 180.
[18] *Ibíd.*
[19] "What Spiritualism Is and Does," *The Spiritualist Manual*, citado en Walter R. Martin, *The Kingdom of the Cults* (Grand Rapids: Zondervan, 1966), p. 209.
[20] *Declaration of Principles* (Milwaukee: National Spiritualist Association of Churches), nums. 7, 8.
[21] Austin, p. 64.

y *The Spiritualist Manual* (Manual del espiritista) concluye:

No creemos en tales lugares como purgatorio e infierno. Los espíritus comunicadores apenas se han graduado de esta forma de vida a otra. Esa vida puede ser como el cielo o el infierno, tal como cada espíritu escoja hacerlo. Lo mismo se aplica a nuestra vida aquí.[22]

¿QUE DICE LA BIBLIA?

Dios instruyó claramente a su pueblo contra el espiritismo y sus seguidores. "La práctica de la hechicería estaba muy extendida en las culturas antiguas que lo rodeaban, pero a Israel se le prohibió permitir en medio de él hechiceros, espiritistas, médiums o cosas semejantes... Era un crimen castigable con la muerte."[23]

Las Escrituras son muy claras:

Exodo 22:18: "No dejarás que vivan las brujas."

Levítico 20:27: "El hombre o la mujer en quien haya espíritu de los muertos o que sea adivino morirá irremisiblemente. Los apedrearán; su sangre será sobre ellos."

Deuteronomio 18:10-12: "No sea hallado en ti quien haga pasar por fuego a su hijo o a su hija, ni quien sea mago, ni exorcista, ni adivino, ni hechicero, ni encantador, ni quien pregunte a los espíritus, ni espiritista, ni quien consulte a los muertos. Porque cualquiera que hace estas cosas es una abominación a Jehovah. Y por estas abominaciones Jehovah tu Dios los echa de delante de ti."

(La adivinación es definida como "el acto o práctica de prever o predecir eventos futuros o de descubrir conocimiento escondido." Incluye observar los tiempos por medio del uso de medios sobrenaturales y todavía es común entre pueblos no cristianos. El mediador es llamado encantador, brujo, médium o Shaman. El espíritu de los muertos es un residente del mundo espiritual; por medio de él se hace contacto con "el amado difunto" en el mundo espiritual.)

1 Samuel 28:7-25; 1 Crónicas 10:13. 1 Samuel 28:7-25 cuenta del encuentro desafortunado del rey Saúl con la bruja de Endor. 1 Crónicas 10:13 da el final: "Así murió Saúl por la infidelidad que cometió contra Jehovah, respecto a la palabra de Jehovah,

---

22 *The Spiritualist Manual.*

23 John Rea, "Sorcerer, Sorcery", en *The Wycliffe Bible Encyclopedia*, ed. Charles F. Pfeiffer, Howard F. Vos, and John Rea (Chicago: Moody, 1975), 2:1613.

la cual no guardó, y porque consultó a quien evoca a los muertos (una médium) pidiendo consejo."

Hechos 13:6, 10; 16:16, 18. El apóstol Pablo encontró a "una joven esclava que tenía espíritu de adivinación" en Filipos, y trató con ella sumariamente "en el nombre de Jesucristo", echando el espíritu de ella (Hech. 16:16, 18). Antes, en la isla de Chipre, Pablo había reprendido a "un mago" (Hech. 13:6), al que llamó "hijo del diablo" y "enemigo de toda justicia" (Hech. 13:10).

El testimonio claro y uniforme de la Palabra de Dios prohibe cualquier comunicación, o intento de comunicación, con "espíritus" o con cualquiera seres que se presuma que habitan "otro mundo" más allá de la tumba o fuera de la percepción mental del mundo físico en que vivimos.

11

OTROS MOVIMIENTOS ACTUALES

Una característica del día presente es el resurgimiento de las religiones antiguas del mundo. Hinduismo y budismo están despertando para abrir brechas en la sociedad occidental. Varias organizaciones en el Occidente están propagando activamente la enseñanza de la filosofía hindú llamada Vedanta y esparciendo varios matices de la doctrina budista. El bahaismo surgió de un trasfondo musulmán, pero es notablemente ecléctico en su actitud de simpatía hacia todas las religiones principales. Otros sistemas nuevos han sido creados de segmentos de los antiguos que han sido trasplantados a ambientes cristianos, usando terminología cristiana. La mayoría de estos tiende al sincretismo. Es decir, combinan enseñanza bíblica con otras creencias y prácticas. No reclaman ser cristianos, y uniformemente prescinden de cualquier forma de dogmatismo. Común entre ellos es el concepto de que "así como todos los ríos llevan al oceano, todos los caminos finalmente llevan a la paz eterna". La mejor cosa, según muchos, es escoger el camino que nos venga mejor y trabajar duro en él.

De los sistemas actuales con alguna influencia, varios son notablemente hindúes en sus creencias principales. Esto se ha hecho notar en relación con la Ciencia Cristiana, que parece haber provisto los ímpetus para grupos similares. Estos niegan o dudan de la personalidad de Dios e impugnan la realidad de la materia, del pecado, de la enfermedad y de la muerte. Cristo es un principio que está en todos los hombres, aunque visto en perfección en Jesús. La salvación se obtiene por la comprensión de la unicidad del individuo con el Todo-en-todo. ¡Esto es la expiación! En la mayoría la reencarnación se enseña como un medio por el cual todos pueden tener la oportunidad de obtener inmortalidad como Jesús lo hizo.

TEOSOFIA

El nombre *teosofía* está compuesto de dos palabras griegas y significa "conocimiento de Dios", o "sabiduría divina". Denota un sistema ecléctico filosófico-religioso fundado en 1875 en Nueva York. Reconocidamente derivado del hinduismo no reclama ningún concepto nuevo, pero se jacta de presentar verdades que son comunes a todas las religiones. Estas creencias forman "en su enteridad, la sabiduría-religión o la religión universal, la fuente de la que surgen todas las religiones separadas, el tronco del árbol de vida del cual todas las ramas siguen".[1] Se sostiene que la esencia de toda religión verdadera es

> el conocimiento del Uno, conociendo al cual, todo lo demás es conocido, el conocimiento de él, el que es supremo, el conocimiento más elevado. Eso es teosofía. Ese es el conocimiento de Dios que es vida eterna.[2]

A ningún miembro de la Sociedad Teosófica se le pide creer o predicar enseñanzas teosóficas. El puede profesar cualquier religión que guste, puesto que hay verdad esencial en todo.

LA DOCTRINA DE DIOS

Se enseña que "Dios" existe y que él es bueno. Pero es el dios del panteísmo hindú, o mejor, del monismo. Cualquier concepto de personalidad es insostenible. Madame Blavatski, primera entre los propagadores de este hinduismo reconstruido, declaró: "Creemos en un Principio Universal Divino, la raíz de TODO, del cual todo procede, y dentro del cual todo será absorbido al fin del gran ciclo de ser."[3] Este concepto es ampliado por la señora Besant, la otra dirigente notable: "No hay ningún grano de polvo en el cual la vida de Dios no sea inmanente... No hay otra vida que la suya; no hay otra conciencia que la suya; no hay otra voluntad que la suya... Sólo hay una vida, una conciencia y un poder, y esa es la vida, conciencia y poder de Ishvara (Dios), que están en todo lo que él ha emanado."[4] Si uno quiere conocer el misterio escondido, el espíritu divino, se le aconseja: "Encuéntralo primero en tu propio ser, y entonces lo verás en todas partes... Esta es la sabiduría divina que llamamos teosofía."[5]

LA DOCTRINA DE JESUCRISTO

La Teosofía enseña de la jerarquía de los seres sobrenaturales que viene en escala descendente del Señor del Mundo. Estos incluyen los Adeptos, o Mahatmas (almas grandes). Son lo último en

---

[1] Annie Besant, *Theosophy* (Londres y Edimburgo: T.C. & E. C. Jack, s.f.), p. 12.
[2] Annie Besant, *Popular Lectures on Theosophy* (Chicago: Raiput, 1910), p. 4.
[3] H. P., Blavatsky, *The Key to Theosophy* (1889; reimp., Covina, Calif.: Theosophical Univ. Press. 1946), p. 63.
[4] En Charles Samuel Braden, *These Also Believe* (Nueva York: Macmillan, 1949), p. 244.
[5] Besant, *Popular Lectures on Theosophy*, p. 5.

evolución humana, hombres perfeccionados que escogen ser reencarnados por el bien de la humanidad.

El señor de todos estos se encarna de tiempo en tiempo como el maestro divino. Entra en el cuerpo de uno que es digno. Jesucristo fue el quinto de esos hasta el presente y es el maestro al que el cristiano debe volverse. Por supuesto, se reconoce que hay otros maestros divinos en otros quintos, dignos de la misma adoración por sus seguidores.

LA DOCTRINA DEL HOMBRE

El hombre es un ser excesivamente complejo. El es llamado un "fragmento divino", y su destino final es la absorción en el dios impersonal. Realmente el hombre es "'Dios' y no *un* dios."[6] El hombre verdadero es una emanación del Logos, una chispa de lo divino. El alma humana, en esencia, no debe ser distinguida del alma universal. Se dice que el hombre tiene un espíritu, tres almas, una vida principal, y dos cuerpos, el físico y el astral.

El hombre es inmortal. La muerte es meramente el pasaje de una etapa del ser a otra.

LA DOCTRINA DE LA SALVACION

La salvación es por el paso evolucionario del alma a encarnaciones más elevadas. Ligada inseparablemente con esta doctrina de la encarnación está la doctrina hindú del Karma. Esta es la ley de la acción y la reacción, expresada en las palabras: "Como el hombre siembra, así cosecha." Todo bien o mal cometido produce fruto en esta o en vidas sucesivas. El propósito declarado de la vida es un progreso ordenado mediante esas encarnaciones hasta que se obtenga la meta final de unicidad con el divino.

El individuo puede cooperar inteligentemente en su propia evolución. "Es... parte de este plan [el esquema divino] para la evolución del hombre que él mismo coopere inteligentemente en él tan pronto como haya desarrollado suficiente inteligencia para asirlo."[7] Debe haber capacidad innata más deseo sincero. Es necesario mucho tiempo más autosacrificio, abandono de los lazos y ambiciones terrenales, y considerable autodisciplina. El fin no se alcanza con facilidad. "Como en el caso de cualquier otra ciencia, así también en esta ciencia del alma; los detalles completos los conocen solamente los que dedican su vida a su propósito. Los hombres que conocen completamente, los que son llamados adeptos, han desarro-

---

6 Blavatsky, p. 67.
7 C. W. Leadbeater, *An Outline of Theosophy* (Chicago: Theosophical Book Concern, 1903), pp. 29-30.

llado pacientemente dentro de sí mismos los poderes necesarios para la observación perfecta."[8] "Se ha probado", escribió la señora Besant, "y puede volver a probarse, que el pensamiento, concentrándose atentamente en cualquier idea, edifica esa idea en el carácter del pensador, y un hombre puede crear así en sí mismo cualquier cualidad deseable por la meditación, pensamiento sostenido y atento."[9]

La idea en la mente es una visión extática del Final, del Inconoscible, en el cual se borra la distinción entre el ser individual y el ser primigenio. Esto es Teosofía, o Sabiduría Divina.

LA ESCUELA UNIDAD DEL CRISTIANISMO

El nombre *Escuela Unidad del Cristianismo* es escogido adecuadamente, e incorpora el principio central de la organización: "Unidad del alma con Dios, unidad de toda la vida, unidad de todas las religiones, unidad del espíritu, alma y cuerpo; unidad de todos los hombres en el corazón de la verdad."[10] El único derecho para la inclusión de las palabras *del Cristianismo* es que Unidad lleva su actividad dentro del ámbito del cristianismo nominal. La organización no reclama membresía y sus adherentes son miembros de iglesias por todo el país. En un tiempo una autoridad estimó que "más de una tercera parte de los cristianos identificados denominacionalmente en los Estados Unidos han leído o están leyendo material de la Unidad".[11]

No hay ninguna otra fuente de autoridad que los mismos escritos de la organización. Se mantiene que la "verdad" no es estática, sino siempre creciente. La Unidad se esfuerza por interpretar la Biblia, pero no reclama ni infalibilidad ni finalidad.

El concepto de Dios es impersonal. Dios es "principio, ley, ser, mente, espíritu, todo bien, omnipotente, omnisciente, invariable, creador, padre, causa y fuente de todo lo que hay".[12]

El propósito de la Unidad es lograr la comprensión de la unicidad, o unidad, del individuo con Dios, con el ser infinito y omnipotente. El fundador, Charles Fillmore, escribió: "Quiten de su mente la idea de que Dios está separado de ustedes en alguna manera, de que él ocupa forma o espacio fuera de ustedes, o de que él puede mani-

[8] *Ibíd.*, p. 9.
[9] Besant, *Theosophy*, pp. 56, 57.
[10] *Ibíd.*
[11] Russell P. Spittles, *Cults and Isms* (Grand Rapids: Baker, 1962), p. 73.
[12] Braden, p. 157.

festarse a la conciencia de ustedes en alguna manera que no sea a través de su propia alma."[13]

El concepto que la Unidad tiene de Jesucristo se parece al de la teosofía. Como el gnosticismo, la Unidad niega la deidad completa y absoluta de Jesucristo. El era una alma perfeccionada que obtuvo poder creativo en una evolución cósmica previa a la historia humana. Jesús y Cristo, sin embargo, no son el mismo. Son entidades separadas que ocuparon el mismo cuerpo por un tiempo. Jesús era un hombre como lo somos nosotros. Cristo es el espíritu cósmico del universo, del cual cada hombre es una parte. Para "comprender" eso, la Unidad aboga por la repetición de afirmaciones como esta:

Yo soy el Hijo de Dios, y el Espíritu del Altísimo mora en mí:
Yo soy el Cristo de Dios.
El que me ha visto a mí ha visto al Padre.
Yo y mi Padre somos uno.[14]

Hay alguna ambigüedad en lo que respecta al mal, que en ocasiones parece existir y en ocasiones se le niega existencia. Sea como fuere, el dolor y la enfermedad son el resultado de una condición interna que puede ser superada con el antiguo método yoga de concentración sobre el hecho de que el alma individual es una con el infinito.

La salvación final está conectada con la creencia en la reencarnación, y se obtiene cuando el ciclo de nacimiento se rompe y el hombre ya no nace más, como está expresado en la declaración de fe de la Unidad:

Creemos que la disolución del espíritu, alma y cuerpo, causada por la muerte, es anulada por el renacimiento del mismo espíritu y alma en otro cuerpo aquí en la tierra. Creemos que la encarnación repetida del hombre es una provisión misericordiosa de nuestro amoroso Padre con el fin de que todos puedan tener oportunidad de obtener inmortalidad mediante regeneraciones, como lo hizo Jesús.

EL MOVIMIENTO "YO SOY"

Una lectura sumaria de *LOS DECRETOS* "YO SOY" revela que hay poco o nada nuevo en este sistema. Un concepto central es

---

13 Ibíd.
14 Charles Fillmore, *The Science of Beings and Christian Healing* (Kansas City, Mo.: Unity Tract Society, 1920), pp. 27-28.

el de los maestros elevados que son los custodios de "la comprensión eterna interna" del "YO SOY, el gran verbo Creativo". El maestro elevado, San Germán, es primero entre millares a través del cual su enseñanza vino a sus fundadores. El concepto de Dios es monístico. "La vida manifiesta en todas sus actividades en todas partes, *es Dios en acción*, y es sólo por medio de la falta de entendimiento del pensamiento y sentimiento aplicados que la humanidad está interrumpiendo constantemente el flujo puro de esa esencia de vida perfecta. 'YO SOY' es la actividad de 'esa vida'."[15] "Cuando usted dice y siente 'YO SOY', libera la fuente de la vida eterna, duradera, para que fluya a su manera sin ser estorbada. En otras palabras, usted abre completamente las puertas a su flujo natural... 'YO SOY' es la actividad completa de Dios."[16] La repetición de las palabras "YO SOY" significa traer la comprensión por experiencia de que no hay otro ser además de uno mismo. "El estudiante es amonestado a mirar siempre, y nunca olvidarlo, a su propio Ser Dios, que es el Creador de su individualidad."[17]

> Una vez que el estudiante puede entender que la Multitud de Maestros Elevados no es sino la conciencia más avanzada de sí mismo, entonces empieza a sentir las posibilidades incuestionables a su alcance. Sea que él hable directamente a la Deidad, o a uno de los Maestros Elevados de la Luz, o a su propio Ser Dios, en realidad no hace diferencia, porque todos son Uno. Hasta que uno alcanza este estado de conciencia, no hace diferencia, porque el individuo es casi seguro que sienta una división del Ser Uno, que no es posible que suceda, excepto en la ignorancia de la actividad externa de la mente.[18]

Por esta razón no hay enfermedad, porque la divinidad no puede estar enferma.

El hombre está en la rueda cósmica de la existencia, y sólo puede escapar por la comprensión de la verdad como es dada. Cualquiera que muere sin alcanzar la verdad de la ley de la vida debe regresar a otro cuerpo y tratar de nuevo de conseguir la victoria.

BAHAISMO

El bahaismo difiere de todos las otras sectas discutidas en que sus raíces están en el Islam. Sin embargo, es muy no islámico en su falta de un dogma positivo y en su eclecticismo. El bahaismo pretende ser el cumplimiento de las revelaciones pasadas de las princi-

---

[15] Godfré Ray King, The *"I AM" Discourses* (Chicago: St. Germain Press, 1936), p. 2.
[16] *Ibíd.*, pp. 2-3.
[17] *Ibíd.*, pp. 27.
[18] *Ibíd.*, p. 28.

pales religiones del mundo. "Defiende la unidad de Dios, reconoce la unidad de sus profetas, e inculca el principio de la unicidad e integridad de toda la raza humana.[19] El primer fundador reconocido era conocido como El Bab, o "Puerta", y vivía en Persia. En 1844 él mismo se proclamó como el mensajero cuya venida había sido predicha por Mahoma. Su sucesor fue conocido como Baha'u'lla, "La Gloria de Dios." El declaraba, "sencilla y repetidamente, que él era el educador y maestro largamente esperado de todos los pueblos, el canal de una Gracia maravillosa que trascendería todos los derramamientos anteriores, en el que todas las formas previas de religión se unirían, como los ríos se unen en el oceano."[20] El vino a traer la inauguración de la era gloriosa de paz en la tierra, predicha por los profetas de antaño. Sería caracterizada por la unidad de la raza humana, de las religiones, de las razas, de las naciones; por la igualdad de hombres y mujeres; por la unificación de idiomas; por un tribunal internacional para juicio de todos. La fe baha'i del mundo fue llamada así por el nombre de Baha'u'llah. Con él se pretendió que "el ciclo Profético ha terminado ciertamente. La verdad eterna ha venido ahora".[21]

Es raro que del dogmatismo del Islam inflexible viniera una religión que enseña que todas las religiones son una. El concepto de la deidad a veces es islámico, y en otras ocasiones tiene sabor a monismo. Ningún miembro de la familia humana es malo, o malvado. El "pecado" es definido como la ausencia de bien en la vida del fiel. Por eso es innecesaria la expiación. "La educación libertará al hombre de todas sus imperfecciones."[22] Los fundadores de todas las religiones principales eran mensajeros de Dios por los cuales ha progresado la evolución de la sociedad humana. Baha'u'llah es la voz de Dios para esta era. En él se ha alcanzado la culminación.

SWEDENBORGIANISMO: LA IGLESIA DE LA NUEVA JERUSALEN

Llamada "La Nueva Iglesia" por sus miembros, el Swedenborgianismo, o La Iglesia de la Nueva Jerusalén, toma sus enseñanzas singulares de los escritos religiosos de Emanuel Swedenborg (1688-1772). El fue un notable científico y filósofo que dedicó los

---

[19] Shoghi Effendi, *The Faith of Baha'u'llah* (Willmette, Ill.: Baha'i Publishing Trust, 1959), pp. 7-8.
[20] J.E. Esslemont, *Baha'u'llah and the New Era* (Willmette, Ill.: Baha'i Publishing Committee, 1948), p. 7.
[21] Baha'i World Faith: *Selected Writings of Baha'u'llah and Abdu'l Baha* (Wilmette, Ill.: Baha'i Publishing Trust, 1956), pág. de título.
[22] *Ibíd.*, p. 319.

últimos treinta años de su vida a "un replanteamiento comprensivo del mensaje cristiano". Este estudio fue seguido por una "experiencia religiosa profunda que fue acompañada por una apertura de su conciencia al mundo del Espíritu".[23] Sus volúmenes en latín de interpretación doctrinal y bíblica y sus descubrimientos de otro mundo suman más de treinta.

La Iglesia de la Nueva Jerusalén fue organizada en Londres en 1787. Pretende ser una iglesia protestante, fundada en la Biblia, con su enseñanza central del "señor Dios". Sin embargo, en la declaración de que "somos una iglesia que enseña, que procura hacer la teología cristiana comprensible y razonable a la mente inquisitiva"[24] se encuentra una mejor evaluación. En doctrinas fundamentales el Swedenborgianismo es completamente diferente al cristianismo ortodoxo. Para probar esto bastan estas afirmaciones de *True Christian Religion* (Religión cristiana verdadera), de Swedenborg:

> La pasión de la cruz fue la última tentación que el Señor sufrió como el Profeta más grande; también fue un medio de glorificar su Ser Humano, es decir, de unirlo con el Divino del Padre; pero no hubo redención.[25] La creencia de que la pasión de la cruz fue ella misma redención es un error fundamental de la iglesia; y este error, junto con el error en relación con las tres Personas Divinas de la eternidad, ha pervertido toda la iglesia, de modo que no queda nada espiritual en ella.[26]

El "juicio final" tuvo lugar en 1757, y en ese tiempo empezó la "nueva dispensación". Desde entonces el Señor ha estado ocupado en "realizar una redención" que concierne a la subyugación de los infiernos y al establecimiento del orden en los cielos. Esto es en preparación para una nueva iglesia espiritual.

Al rechazar la doctrina ortodoxa de la Trinidad, Swedenborg enseñó que Dios existe en su única persona en tres maneras:

> Dios en las profundidades de su Ser es el Padre;
> Dios conocido y conocible es el Hijo
> Dios activo y siempre ocupado en impartirse a sí mismo es el Espíritu Santo.

Se cree que Cristo heredó el mal de su madre. Pero "Dios se

[23] Tarjeta explicatoria emitida por la Iglesia de la Ciudad Santa, Washington, D.C.
[24] Boletín de la Iglesia de la Ciudad Santa, Washington, D. C.
[25] Emmanuel Swedenborg, *True Christian Religion* (Boston y Nueva York: Houghton Mifflin, 1949), 1:175
[26] *Ibíd.*

reveló más completamente en la persona de Jesucristo, quien venció las limitaciones de su naturaleza humana hasta que llegó a ser uno con Dios."[27]

Habiendo hecho a un lado la eficacia de la cruz, se niega la resurrección corporal. Se declara que "el Señor Jesucristo apareció a los sentidos espiritualmente alertas de los discípulos como el mismo amado Señor y Maestro que ellos pensaron que había muerto en la cruz.[28] La regeneración mencionada en el capítulo tercero de Juan es un asunto espiritual, y en ese sentido somos renacidos cada vez que un nuevo afecto nos posee. El hombre vive en la tierra solamente una vez. Esta existencia única determina el carácter, y el carácter establecido aquí en la vida se mantiene en el más allá.

Al morir, la persona entra a un "mundo de espíritus", que es un estado entre el cielo y el infierno. Allí se le presentan a cada persona dos maneras de vida. La elección es libre, porque nuestro Señor dijo: "yo no juzgo a nadie". Realmente el juicio está en nuestros propios corazones, porque nosotros nos juzgamos a nosotros mismos por las decisiones que hacemos. En el mundo de los espíritus el hombre egoísta y vil puede cambiar, pero desafortunadamente tendemos a reaccionar sobre la base de nuestras reacciones pasadas. El hombre bueno busca más de lo que es bueno y verdadero; el pecador busca compañías festivas. Y así pasamos a la vida del padre. Los fracasos espirituales van al ambiente apropiado a su naturaleza, en servidumbre a deseos insaciables. "Las pasiones consumidoras continúan ardiendo y dejándolos frustrados. Eso es el infierno."[29] El cielo es el lugar donde los hombres fundamentalmente honestos encuentran a sus semejantes. Es un mundo verdadero, con ciudades, iglesias, escuelas, hogares y jardines, y está lleno de hombres y mujeres que han cultivado las cosas buenas de la vida, cada uno haciendo lo que está más interesado en hacer y puede hacer mejor. Es una sociedad de hombres y mujeres redimidos, un logro humano.

ROSACRUCIANISMO: LA CRUZ ROSA

La Orden Verdadera de Rosacrucianos fue fundada en 1313 por Cristo Rosenkreuz. Sus adherentes ven en la cruz un símbolo de "las corrientes vitales vitalizando los cuerpos de las plantas, los animales y el hombre". El fundador sintió que su misión era preparar una nueva fase de la religión cristiana para la era venidera (en la que ahora vivimos) para mantener el paso con el progreso normal en la

---

27 Boletín de la Iglesia de la Ciudad Santa, Washington, D. C.
28 *Life Further On* (Filadelfia: American New Church Tract and Publishing Society, s.f.), p. 28.
29 Ibíd., p. 25.

evolución. Se alega que la filosofía es enteramente cristiana, "esforzándose por dirigir a Cristo a los que no pueden encontrarlo por fe solamente".[30] Busca fomentar la aceptación de las doctrinas cristianas mediante el conocimiento esotérico. Este conocimiento es el que ha sido adquirido de los antepasados de Egipto, India, Tibet, México y otros lugares.

El libro de texto básico es la *Rosicrucian Cosmo-Conception*, (Cosmo-concepción Rosacruz) por Max Heindel. Es conocido como la Sabiduría Occidental, dada al autor por los antiguos Hermanos de la Rosa Cruz. Este libro

> da la explicación más lógica del universo y de la parte del hombre en él desde el punto de vista de la evolución, por primera vez presentada al público en general. Las edades pasadas mencionadas vagamente en Génesis son completamente aclaradas, mostrando cómo el hombre empezó como una chispa de la Llama Divina de Dios, y después de eones de preparación alcanzó su estado presente, y finalmente obtendrá la perfección de superhombre.[31]

Actualmente hay dos organizaciones activas con la misma enseñanza: El Compañerismo Rosacruciano, en Oceanside, California, y la Antigua Mística Orden Rosae Cruciae, conocida como AMORC, con centro de dirección en San José, California. La última organización hace hincapié en que los rosacrucianos no son una organización religiosa, sino "una fraternidad no sectaria dedicada a la investigación y estudio de los principios más elevados de la vida como se encuentran expresados en el hombre y la naturaleza".[32] Es interesante notar que la alegada conexión con Egipto vino a través de la aceptación de algunas de las enseñanzas fundamentales de los gnósticos y los pitagóricos. AMORC es estrictamente secreta, espiritual y libre de dogma, de modo que miembros de todas las religiones pueden llegar a ser acólitos. No es una religión separada, sino fundamentalmente religiosa, que enseña la inmortalidad del alma y la paternidad de Dios.

El lema es "prueba". Uno es salvo no por la intervención de otro o por substitución, sino por vencer todo el mal. Todos poseen una semilla incorruptible, una chispa divina, un "Cristo", que debe ser despertado y traído a la conciencia. Cristo no es solamente el Hijo unigénito de Dios. El regresa cada año a la tierra y ofrece un sacrificio. Todos obtendrán perfección por el proceso normal de la

[30] *The Rosacrucian Interpretation of Christianity* (Oceanside, Calif.: Rosacrucian Fellowship, s. f.), p. 1.
[31] Anuncio de Rosacrucian Fellowship, Oceanside, California.
[32] Membrete de International Supreme Temple, San José, California.

reencarnación, aunque algunos progresarán más rápido que otros. La ley de sembrar y cosechar, el Karma hindú, es operativo en cada vida.

Los centros de las órdenes llevan a cabo varias actividades. Hay estudios en filosofía, astrología, sanidad, impresión y estudio bíblico. En ciertas áreas la enseñanza es similar a la de la teosofía. Hay los siete mundos, separados no por el espacio o la distancia, sino por proporción de vibraciones. Hay ayudadores invisibles, que trabajan en los planos espirituales para traer sanidad elevando las vibraciones del enfermo a niveles más elevados. El atractivo del Rosacrucianismo está en gran parte en su énfasis en lo oculto y lo misterioso.